普 天 之 下 · 盡 是 好 書

普天出版家族
Popular Press Family

凌雲文創
A-Plus Creative Company

換個說法，就能改變對方的想法

CHANGE ANOTHER WAY TO TALK

巧妙誘導對方的厚黑說話術

戴爾．卡內基曾說：
「如果你想要別人接受他們不想接受的要求，只需將這些要求包裝在他們喜歡聽的話語之中。」
確實如此，不論溝通、談判或是推銷自己的想法，想要順利達成目的，
就必須先看穿對方潛藏的心思，然後用對方最喜歡聽的話語，巧妙地傳達自己的意思。
如果你能在言談間看穿對方正在想什麼，便可以透過誘導式的說話方式，
牽引對方往自己設定的方向走。

王照——編著

●出版序●

巧妙誘導對方的厚黑說話術

人很容易在極短時間之內，做出極複雜的判斷，懂得厚黑說話藝術的人，往往會誘導別人接受自己的想法，讓自己無往不利。

戴爾．卡內基曾說：「如果你想要別人接受他們不想接受的要求，只需將這些要求包裝在他們喜歡聽的話語之中。」

確實如此，不論溝通、談判或是推銷自己的想法，想要順利達成目的，就必須先看穿對方潛藏的心思，然後用對方最喜歡聽的話語，巧妙地傳達自己的意思。

如果你能在言談間看穿對方正在想什麼，便可以透過誘導式的說話方式，牽引對方往自己設定的方向走。

同樣的一件事，用不同的兩種話來表達，最後的結果往往大相逕庭。如果你可以在事前就知道你想要傳達的人喜歡聽什麼話，然後再用他喜歡聽的話間接傳達你的意見，那麼，對方欣然接受的程度肯定會高出許多。

人際交往中，人與人之間的溝通對話不可避免。一個會說話的人，每一句話都能打動人們的心弦，好像具有一種不可知的魔力，操縱著人們的情緒。他的一舉手一投足，嘴裡發出來的一言一語，彷彿都能影響到周圍空氣的鬆弛與緊張。

這種感染的力量是什麼？就是口才。

和別人接觸的時候，有四件事情容易被人用來當作標準，評定我們的價值，那就是我們做的、我們的面貌、我們說的話，以及我們如何說話。可惜，許多人爲了種種瑣事的繁忙，忘記最重大的事，缺少時間研究「辭藻」，甚至不肯花一分鐘的時間思考如何充實自己的辭句、如何增加辭句的意義，如何使講話準確清晰。

有些人以爲，只要有才幹，即使沒有口才，也可以達到成功的目的。這種觀念並不完全正確，有才幹並且有口才的人，成功希望才更大。因爲一個人的才幹，完全可以從言語談吐之間充分地表露出來，使對方更進一步地瞭解，並且信任。

美國費城的大街上，曾躑躅著一個無業的英國青年，不論是清晨或夜晚，總是引人注目地經過那裡。據他自己說，他想尋找一份工作。

有一天，他突然闖進了該城著名的巨賈鮑爾．吉勃斯的辦公室，請求主人犧牲一分鐘時間接見他，容許他講一兩句話。這位陌生怪客使吉勃斯感到驚奇，因為他的外表太引人注目了，衣服已很破舊，全身流露出極度窮困的窘態，可精神倒是非常飽滿。也許是出於好奇，或者是憐憫，吉勃斯同意與這人一談。

想不到的是，他起初原想談一兩句話就好，然而一談起來，不是一兩句，也不是一二十分鐘，直到一個小時以後，談話仍沒有結束。

接下來，吉勃斯立即打電話給狄諾公司的費城經理泰勒先生，再由這位著名的金融家邀請這位陌生怪客共進午餐，並給了他一個極優越的職務。

一個窮困落魄的青年，何以能在半天之內，獲得如此美滿的結果？

他的成功秘訣，就在於極吸引人的口才。

口才，是生活中應用最普遍也最難能可貴的說話技術。然而，與你交談的對象當中，有幾個長於口才？在日常的談話中，在大庭廣眾的集會中，你遇到過多少使你滿意的談話對象？曾有多少人，能夠把話說到你的心裡去？恐怕都是屈指可數吧！

國際行銷專家賽斯高汀曾說：「人們很容易在極短時間之內，做出極複雜的判斷，而且，一旦下結論，就不易做改變。」

懂得說話藝術的人，往往會運用這種心理，誘導別人接受自己的想法，讓自己無往不利。我們不難見到，無論是政界、商場、學界，或是其他領域，最受人歡迎的，通常都是善於操弄別人想法的佼佼者。

口才是現代社會必備的競爭資本，也是增強人際關係的要素，懂得把話說得更巧妙，懂得把意見滲透到別人心裡，更是商業社會的成功之道。

很多人失敗，並不是敗於實力不濟，而是不知道運用「語言」這項利器。唯有細心研讀並靈活應用語言的魅力，具備良好的說話能力，才能增進自己的各項能力，在商業社會遊刃有餘。

PART 1 加深印象，更有說服力量

想要讓自己說的話更有說服力，務必要使語意生動明晰，才能深深打動聽者的心，進而獲得不同凡響的效果。

PART 2

出乎預料往往能收意外功效

想要強力克製自己處於興奮、衝動、極度緊張時的言行舉止，是一件很不容易的事，但這種功夫往往能使對手極度不安。

PART 3 拋出肯定問題讓對方傻傻同意

以絕對肯定性的方式作為話題的開頭，讓對方在不知不覺中放鬆心情，解除了心理的武裝。

PART 4

站在對方的角度，活用說話藝術

有些顧客確實無購買能力，有些卻是想進行討價還價，推銷員一定要仔細分析其真正原因，加以擊破！

PART 5 換個說法，就可以改變對方的想法

引導想法的說話方法，對於任何誤以為自己有許多毛病的人，通常都相當適用，可有效解除心理上的困境。

PART 6

懂得說話，就不會尷尬

在任何場合開口說話時，一定要三思而後言。古人常說的「禍從口出」，就是因為不考慮清楚就隨意開口，為自己惹來了麻煩。

PART 7

技巧性接話有助於套出真話

附和對方的語意，他便會迷失在想說的話當中，甚至誤以為那就是自己談話的中心，而毫不忌憚地繼續說下去。

PART 8 站在對方的立場來說服對方

如果從一開始就強調自己的立場，彼此間的鴻溝就會越來越深，當對方有了對抗的心理狀態時，你是絕對無法說服他的。

PART 9 站在別人的立場溝通想法

「用我們想去影響的人的立場來看」是最有效的溝通辦法；相反的，若是只顧著傳達自己的意見，卻不考慮對方的立場，那結果必定很糟。

PART 10 先敞開心扉，才能進入別人的世界

風趣幽默又不失莊重，是一個高明的說話大師必須注意的態度，道貌岸然的談話模樣會惹人厭煩，而過於輕浮的談話態度同樣會讓人反感。

PART 11

閃避迎面而來的攻擊

不動聲色地沉著應對，看清楚對手攻來的方向，看明白對手所持的武器，再伺機反擊。萬一不幸避之不及，最好先求保命！

輯 1.

加深印象，
更有說服力量

想要讓自己說的話更有說服力，
務必要使語意生動明晰，
才能深深打動聽者的心，
進而獲得不同凡響的效果。

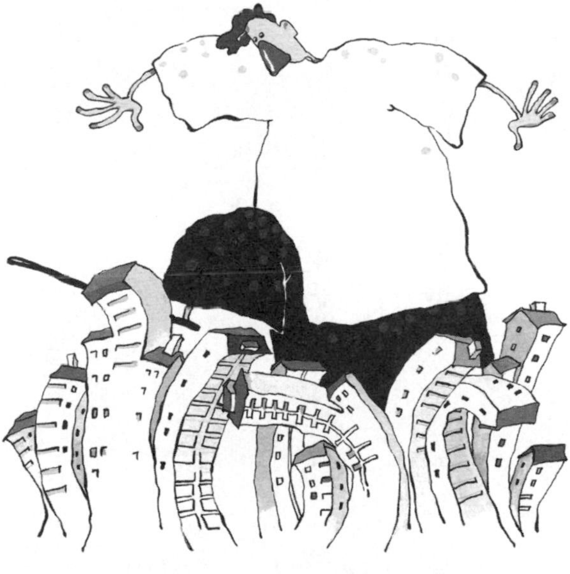

以穩重的聲線穩定場面

以穩重的姿態應答，將在不知不覺間，強制更改對方激動的語調。如此才能化戾氣為祥和，順利解開誤會，甚至轉敵為友。

英國詩人S．T．柯立芝曾說：「語言是人類心智的軍火庫，藏著以往的戰利品及未來征服的武器。」

確實如此，言語是溝通的最佳利器，最大用途就在於包裹自己的想法，並且讓對方產生共鳴。

想要進行有效的交談，把自己的意見一點一滴滲透進對方的腦海裡，就必須先洞悉對方的心理層面，然後巧妙引導對方接受自己的說詞。

能不能順利將對方洗腦，往往就是交涉溝通能否順利成功的最重要關鍵。

許多語言學家都強調，想要以語言說服對方，無論問話或答話，都應該保持著冷靜沉著的態度，因爲在這種心態下，才能夠以低沉穩重的語氣說話，而這正是一般人比較容易接受的聲音與方式。

美國海軍和克尼庸大學的語言研究社，共同做過一項研究，在艦艇上以內部傳聲裝置進行試驗。結果證實了，發問者的聲音越大，回應者的音量也會跟著放大，也就是說你不客氣，我也不客氣；你的聲音大，我就要比你更大。

說話也是如此，當對方一開始就以高昂強硬、亢奮激動的口吻說話，自己的回答就必須越發保持低沉穩健，否則無法繼續下去。

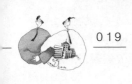

耶魯大學心理學教授卡魯博士，曾經以各種不同的談話模式，來測試學生們的理解程度，結果證明了一個道理：低沉穩重的語調，比起亢奮、熱情，甚至帶有脅迫、煽動性的言辭，更容易被學生們接受。

鈴木健二從前是日本ＮＨＫ廣播電台的知名播音員，後來他將累積了二十餘年

「口語生涯」經驗，撰寫成《用心交談》一書，其中有句警語說道：「若想把自己的想法、意見，成功地傳達給對方，就要將彼此眼觀眼之距離保持在三十至五十公分，這是最適切理想的。但是，還有一件事必須特別注意，就是說話的聲音，必須比平常低一半。」

「低一半」當然不是非常科學的說法，低七個音階也不容易被一般人了解，只能解釋成聲音要放低，低到平時說語調二分之一的程度。用「低一半」的方式對付情緒激動、來勢洶洶的人，最容易產生抑壓的效果。

和別人談話時，我們偶爾會操之過急，急欲表達自己的意見，不等對方的話告一段落，便倏然打斷。受到急於表達己見的心態影響，會在不知不覺中提高自己說話的音調，一改原來低沉、具有說服力的聲調，最後一路失控，變成潑婦罵街、相互謾罵了。

有效運用以聽者爲主體的姿態，也能夠產生驚人的效果。

有些高明人物說話總是慢條斯理、低沉穩健、細聲細調，如果不豎耳傾聽，絕對不知道他到底在說什麼。但是聽話的人會因此全神貫注地聆聽，並在不知不覺當中贊成他的主張。

制服高音調的最好方法，是先冷靜下來，以低沉穩重且極其肯定的語氣和對方交談，如此才能化戾氣爲祥和，順利解開誤會，甚至轉敵爲友。

以穩重的姿態應答，將在不知不覺間強制更改對方激動的語調。如果對方一開始便放大嗓門高談闊論，自己也不服輸地針鋒相對，對話勢必會陷入水火不容的困境當中，對雙方都沒有幫助。

打造個人商標，塑造生動形象

塑造一個幽默、易於記憶，又能給人深刻印象的「商標」，將能使你生動地活在對方的心目中。

國際行銷專家賽斯高汀曾說：「人們很容易在極短時間之內，做出極複雜的判斷，而且，一旦下結論，就不易做改變。」

懂得洗腦藝術的人，往往會運用這種心理，誘導別人接受自己的想法，讓自己無往不利。我們不難見到，無論是政界、商場、學界，或是其他領域，最受人歡迎的，通常都是善於操弄別人想法的佼佼者。

不論是聽、是看，甚至於聞，我們都會對一件事產生或好或壞，或肯定或否定

的印象。也許有人以爲這印象是根據自我判斷而來，殊不知絕大部份仍是由外在別人的影響所造成。

心理學家曾做過如下的實驗；將一群人分成兩組，拿出一張看似時鐘又似螃蟹的抽象畫，分別給兩組人看。對第一組人說：「這是時鐘。」對第二組卻說：「這是螃蟹。」

結果，兩組人果眞相信那幅畫是時鐘或者是螃蟹，這就證明了「先入爲主」的概念確實會影響人的判斷與印象。

這在心理學上由來已久，被稱之爲「拉培林克效應」。

有位政治家，因爲深知「語言心理戰」的妙用，便想盡辦法用來擊敗自己的政敵。只要他爲對方冠上不好的外號，這位政敵的聲譽就會一落千丈，這就是「拉培林克效應」的典型效應。

大衆傳播日益發達的今日，不論是網路、新聞、電視或廣播，都能夠影響人們的觀念和喜好，所以避免外來的因素影響，努力創造象徵自我的商標，是件刻不容緩的事。

「她是賈桂琳，我是她的丈夫。」美國前總統甘迺迪和美麗的妻子賈桂琳出席任何場合，總是以這句話來介紹自己。以這種方式展開自我介紹，別人聽來格外親切自然，同時也爲自己樹立起獨特的商標，化解了總統與一般人之間難以跨越的隔閡，是成功的做法。

每一種商品都有它的商標，每個人都各自的特色，這裡所說的商標，並非生理特徵、品德表現，而特指「口頭禪」。說話應對上的口頭禪，正如同商品的商標，甚至能夠成爲個人固定的宣傳語。當人們一聽到同樣的話語之時，便不由自主地聯想到某個人，就是讓人留下印象的成功商標。

商標須由自己主動產生，如由別人來選定，雖然也能令人對你產生印象，但是這個外來的商標，就具有脫離操控的危險性。因爲在自己不知道的某些場合，它即有可能會被摻入惡劣的印象，甚至引起外界的誤解，或是有被惡意中傷之虞，反倒造成傷害。

由自己獨特的特徵主動打造的商標，不容他人的意志左右，沒有前述弊害，更能夠確實地在對方心中留下深刻且正面的印象。

有一個知名的例子，便是美國老羅斯福總統，他在應對上有一句特殊的口頭禪——「愉快之至」（With pleasure），配上他的獨特發音，竟然博得百姓的喜愛，每每聞言便掌聲不斷。

最得人緣的歌手，唱歌時總帶著個人的特殊唱腔。這類在下意識裡形成的特徵，容易引起聽眾的共鳴，使印象深植於心。也因此，一般大企業在經營或宣傳上，無不絞盡腦汁創造獨特的「商標」，甚至不惜重金徵求。

必須注意，「商標」的擇取不當會令人生厭，產生反效果。因此必須設法塑造幽默、易於記憶，又能給人留下深刻印象的「商標」，藉著它，使自己生動地活在對方的心目中。

善用視覺性談話，言語魅力更大

說話的時候，不能使聽者產生視覺性的想像，那麼無論使用的詞藻有多麼優美，也難以讓人動容，更遑論留下深刻的印象。

很多人失敗，並不是敗於實力不濟，而是不知道運用「語言」這項利器，不知道如何看穿對方的心思，不知道如何透過語言進行洗腦。

爲了增強說話效果，除了運用腔調，也可以嘗試採用「視覺性談話」。《成功講話術》的作者戴爾·卡內基是位享有盛名的天才演說家，據說年輕之時曾有一段趣事。

大學畢業後，卡內基便進入一家運銷公司上班，每天必須隨著貨車在南達科他州四處巡視推銷。有一天，他路過不是由他的公司負責經銷的雷脫菲魯特城，決定於此稍做休息。

由於一路的生意清淡，卡內基感到十分憂慮，便揹著手在廣場上踱步。

意想不到的事情發生了，走著走著，突然靈感乍現，他想起了莎士比亞四大名劇之一《馬克白》（Macbeyh），一剎那間渾然忘我，以棍當劍，當街表演了起來：「啊！劍啊！我看見一柄短劍，它正刺向我。啊！劍啊！逮住它！阻止它！千萬別讓它靠近我，碰著了我人……」

正當又唱又舞，自我陶醉、渾然忘我時，一名交通警察突然出現，一把捉住他，大聲喝道：「幹什麼？光天化日之下竟然恐嚇行人，難道你想搶劫？」

一語驚起夢中人，卡內基被這名警察喊醒，立刻連聲道歉，說明原委後，好不容易才得到諒解，免去罰金。

原來是遠在百碼以外，站在自家窗口觀望的一位婦人通知警方。距離這麼遠，她當然聽不見卡內基在嚷些什麼，只因為他的表情令人心驚，動作讓人害怕，她就決定報警了。

由這段軼事可以證實一件事，視覺能支配講話的內容和音調。

許多心理學者還認爲，人們獵取知識的方法，其中有八十五%都是靠著視覺的幫助，從而得到收穫。

歷史上的知名演說家，無不深知箇中奧妙，描述事情時，經常加入視覺上的比喻，以加深聽者的印象。

例如，美國第十任總統林肯，每次遇到冗長又枯燥的報告時，總會說：「選購一匹良馬，你無須細數牠的鬃毛有多少，最重要的一件事，是確認牠是否具備日行千里的能力。」

林肯相當重視說話的視覺性，想要把話說得更巧妙，這點更加必要。

說話的時候，若不能使聽者產生視覺性的想像，那麼無論使用的詞藻有多麼優美，也難以讓人動容，更遑論留下深刻的印象。

應用措詞技巧，讓話說得更好

想要讓自己的說話用辭更加生動有趣，就該注意措辭的技巧，如此一來一定能使話說得更好，成為受人歡迎的對象。

很多年前，即有心理學者、語言學者不斷針對一個課題進行研究——如何在定量的客觀的條件上，把握住特定的概念。

所謂語言文字，並不是每個字都具有確定的意義，功用只在對既有的經驗引發聯想。因此，一語一字都可能使人產生不同的印象。

指示語的作用，在於把原本不通曉的人或事，和殘留在記憶裡的其他事混淆在一起，產生共同意識，於印象裡「鳩佔鵲巢」。

「『那』地方，一到深夜，便可聽見哭聲、叫罵聲、啜泣聲，不絕於耳。」

「『那』位小姐選擇自殺，爲了什麼？」

「『那』件兇殺案，仍然處於膠著狀態。」

這些用詞經常在報刊雜誌上出現，日常生活中，人們也常在對話中吐出「那」或「這」的指示語。

稍加留意便能發現，這幾個指示語會讓聽者產生一種錯覺，對「那」被指示出來的人事物，產生似曾相識的親切感。

以「觀者和聽者都知道」爲前提，縮短彼此的心理距離，產生讓對方附和、贊同的效果，這在心理學上，被稱作「意義微分法」。

爲了說服別人，或使對方和自己採取同樣的步調，言語中的一詞一字都必須予人鮮明的印象。

如果「那」字使用得當，更能使「那」印象深遠。

譬如「你等的『那』輛車來了」，這個「那」字就用得非常恰當自然。

實際上，也許聽話者並沒有在等候「那」輛車，只是旁觀者如此以爲而已，但這就是語言的魔力。

同樣的道理，在下面這個例子也可獲得印證：

有一位外型十分亮麗的女性，遲遲沒有結婚。有人問她為何至今在感情上仍是一片空白，未能安定下來？

她這麼解釋：「我是個天生具有反抗性的女人，不懂得社會的規範。如果遇到太過於拘謹的男人，多少會存著不願與他們交往的心態，如果遇到比較柔順的男人，又會覺得他沒有男子氣概……」

心理學家說，這段話聽起來有種不自在的感覺，因為當中的某些部份在修辭學上被稱為「視覺語」，只適合用文字表現，用說的則會顯得彆扭。

她應當試著這麼說：「我是一個很固執、反抗意識很強烈的女人，平常不善於交際，也不知道該怎麼表現自己，遇到了拘謹保守的男人，總是提不起勁來與他交往，如果是個順應環境的人，又免不了覺得他缺少男子氣魄……」

同樣的內容，因為措詞的不同，便會給人不同的感受。

人們往往以為，對著上司、長輩，或陌生人說話時，應該參雜一些平時不常使用且難懂的詞句，藉以搪塞、掩飾、保護自己。

這時，大量的「視覺語」就會出現在交談中，結果反而導致話講得既艱澀又難懂，毫不生動，讓聽者失去信賴感和親切感。

身為對外聯繫、互動的推銷員或店員，尤其應忌諱使用「視覺語」。

前美國總統杜魯門的私人秘書徹利曼曾說：「人比商品更容易遭到非議，一旦不慎說出不恰當的詞語，就會搞砸人際關係。」

想要讓自己的說話用辭更加生動有趣，就該注意措辭的技巧，如此一來一定能使話說得更好，成為受人歡迎的對象。

調換主賓語，有效增加樂趣

試著變動許多說慣了的寒暄應酬話的主語、受詞位置，也許能夠產生新奇的效果，讓對方留下深刻印象。

「水平思考法」由心理學家耶脫瓦特．波諾博士提出，他並創造一種新鮮的觀念，稱爲「意識上可倒置事物的關係」。

確實如此，換個思維方式，往往可以把話說得更妙、更好。

英國大文豪蕭伯納留給世人許多俏皮、機智，又極爲幽默的名言。

以下是一則極富幽默的笑話，可以看出蕭伯納由於應用了「水平思考法」，所以棋先一著，在對話中佔得優勢。

有一位演技差勁但美色出眾的女伶，自視頗高，平時生活在眾星拱月的環境當中，高傲嬌貴，一點也不將別人放在眼裡。

然而，她非常仰慕蕭伯納的才華。

某次宴會中，女伶和蕭伯納巧遇，她自信十足，展現出最迷人的笑容和語調，向蕭伯納說：「如果以我的美貌，加上你的才華，生下來的孩子，必定是社會中最優秀的頂尖人物！」

這位大文豪立刻還以顏色，毫不遲疑地回答：「如果這個孩子集了我的容貌和妳的才能，那將會是什麼樣子呢？」

頓時，這位女伶猶如被當頭潑下一桶冷水，只能愣愣地盯著這位大文豪，張口結舌，說不出第二句話。

蕭伯納以高度的機智抑挫了對方的狂妄，運用倒置順序的言語技巧，使對方的高傲發揮不了作用，只能啞口無言。

「狗咬人不是新聞，人咬狗才是新聞。」

這是執筆寫花邊新聞的記者們慣用的花招，把「狗咬人」這句再普通不過話當中的賓主易位，以成功挑起讀者的好奇心，讓一件平凡小事成爲人人爭看、有價值的大新聞。

日常生活中，許多說慣了的寒暄應酬話，想必讓自己和對方都感到相當厭膩，不如試著變動這些話的主語、受詞的位置，也許能夠產生新奇的效果，讓對方留下深刻的印象。

想要把話說得更妙，就從小地方開始。

細心研讀說話的各種技巧，掌握對方的心思後加以靈活應用，會使你更迅速擄獲人心，也更順利達成自己的目的。

注意語調，把話說得更好

「一句話能讓人捧腹大笑，也能讓人聽得暴跳如雷。」同樣的一句話，會引起哪種反應，全掌握在說話人的語調和方式。

觀察身邊的朋友，我們也許會發現一個現象：有些人不管走到哪裡，融洽氣氛就跟著到哪裡，總能給人一種「如沐春風」的感覺。

這種人縱使處於充滿火藥味的場合，也能讓說話聲調成爲最佳的緩和劑，鬆弛劍拔弩張的緊張氣氛。在應對上尤其如此，藉合宜的語氣引起對方的快適，不知不覺之中就附和了他的主張，達成共識。

日本演說家德川夢聲先生，在《演講術》中記述了一則故事：

有一位歌舞演員，在一座劇場舞台上表演時，突然觀眾席上有人對著他大喊：「蘿蔔腿！蘿蔔腿！」

只見這位蘿蔔腿的演員不慌不忙，面不改色，用一貫的腔調唱道：「蘿蔔腿是哪一個？」

那位觀眾立即不甘示弱、還以顏色說：「是我，是我！」

這位演員立刻幽他一默，笑道：「原來你是位蘿蔔腿！」

全場觀眾哄堂大笑，掌聲不絕。

這位蘿蔔腿演員，不但因此逃脫了「蘿蔔腿」的封號，還因自己的機智和幽默，成了最受歡迎的名伶。

由此可見，言談間的聲調和說法，確實很重要。有句俗話說得好：「一句話能讓人聽了捧腹大笑，也能讓人聽得暴跳如雷。」同樣的一句話，會引起哪種反應，全掌握在說話人的語調和方式。

曾風靡一時的一代尤物瑪麗蓮夢露，擁有美麗的臉龐、迷人的身段、白皙的肌膚、修長的玉腿，再加上充滿性感、令人心動神搖的美臀，任何人見了都會深受吸引，終身難忘。

但是，心理學家認爲，她最能顚倒衆生的特質，在於迷人語調。瑪麗蓮夢露的談吐有種餘音繞樑的效果，嗲聲嗲氣中隱藏可以支配他人的魔力。

想要學習說話技巧的人，應在聲調上多下點功夫。迷人悅耳的聲調可以幫助增進人際關係，不僅使朋友願意親近你，更可讓上司樂於採納你的意見，下屬願意執行你的命令。

德國著名的心理學家朱利安·佛斯特在《行爲語言的奧秘》一書中，曾特別指出母音的重要性。

例如，法國大革命時，巴黎民衆呼出的口號是：「走啊！走啊！把貴族們吊死在街燈上啊！」

就憑著語尾韻母的魔力，促使百姓成群結隊地加入革命行列，推翻波旁王朝的統治，能不令人感到訝異嗎？

朱利安·佛斯特更分析希特勒的演說，並提出疑問：究竟是什麼力量，驅使成千上萬的德國人，如同著魔一般，引發第二次世界大戰？

希特勒的演說內容，並無精采出奇之處，但是同樣的一句話，由他嘴裡說出來，卻能扣住每名聽衆的心，讓群衆心甘情願跟著走，在不知不覺中成爲他利用以達成野心的工具。

不止希特勒一人，縱觀歷史，著名的演說家都是如此。一篇具價值的學術講述能否傳世，取決於演講者演說時的語調、聲音，如果能夠吸引聽衆的情念心理，引起共鳴，就是成功的。成功的政治家、軍事家的演說，說服群衆的關鍵，往往在於音調，而非內容。

在我們日常生活所使用的語言中，慣用口音大都含有仰慕、讚嘆、認同的意味。喝采的時候，我們會發出「喔！喔！」的聲音，辭窮時，則「嗯……」地拖著音，英語中的「Y」和「I」也表達了類似的感情。這些音大都是人類最初的發音，裡頭蘊藏了豐沛的感情。

想成爲比希特勒更出色的演說家，必須加以善用。

由於口音和語調上的差別，兩句話的內容縱使全部相同，仍可能給人迥然不同的心理感受。所以，同樣一句話，女朋友說出來，使你飄飄然，若換成上司講，你說不定會生一頓悶氣。

與朋友相處時，想說服別人時，如何藉著合適的語言音調來表達自己的感情、心情、思想，是一門很大的學問。

沉默是最巧妙的「訴說」

沉默其實是最巧妙的「訴說」，沉默製造的效果，絕對不可等閒視之，大可以運用到日常生活的應對裡。

無論是演說也好，集會時發表意見也好，與會者必定不在少數，讓自己的「話」眞正被別人聽見、聽懂、被接受，才是與會的最終目的，因此不可免地必須運用一些說話技巧。

要使談話能收得效果，重點在於喚起聽話者的注意力，使自己「說」出的話深印在對方的腦海中。

有一位雄辯家，上台演說時總是會將音量放小。如果發覺聽衆中出現騷動、不寧、混亂的狀況，他不僅不會提高音量，企圖壓制雜音，反而會降低聲音，甚至變成喃喃自語，彷彿只有嘴唇仍在翕動，幾乎讓人聽不到演說。

這麼一來，聽衆立刻會驚覺到不對勁，瞬間，會場就會恢復原有的平靜，於是，他便從容不迫地恢復了常態。憑藉這項演講要訣，使他聞名於世，在知名演講者中佔有一席之地。

雖然上台開口乃是理所當然的事，但如果站在台上仍然緊閉著嘴，或是站起來遲遲不說話，人們就會因爲演說者的異常表現，激起特別注意。用沉默製造訴說的效果，這便是成功的演說者在大衆前經常使用的利器。

哲學家西田幾多郎，讓愛好哲學的日本青年尊如神明。他每次登台演講，總是先靜靜地站立幾分鐘，眼光四掃，直到全場鴉雀無聲，幾乎落針可聞，然後才開始闡述自己的哲學精髓。這項拿手絕招，使得言者諄諄，聽者絕不藐藐。

日本有位著名的演員尾上菊五郎，曾搜集演說詞編輯成冊，收錄成《藝》一

書，心理學者都認定那是一部趣味無窮的作品。

其中，有段關於「沉默的效用」的故事，劇情是這樣的：

一個反派角色設計殺人越貨，開始點數五十兩贓款，以清脆嘹亮的聲音唱數著：「五兩、六兩、……十五兩、十六兩……」到了四十九兩時，突然停下來不數了。台上無聲，台下自然也跟著寂靜下來，觀眾們都屏息以待，一顆心被懸宕在半空中，等到「五十兩」好不容易被數出來，觀眾們才跟著長長地吐出一口氣。

這一聲「五十兩」有些刻意，卻能夠牢牢地扣住觀衆的心。那般氣氛與情景，從應用演說的角度來說，是空前的成功。

由此可見，沉默其實是最巧妙的「訴說」，沉默製造的效果，絕對不可等閒視之，大可以運用到日常生活的應對裡。

加深印象，更有說服力量

> 想要讓自己說的話更有說服力，務必要使語意生動明晰，才能深深打動聽者的心，進而獲得不同凡響的效果。

心理學上有所謂「意識化的法則」，意思是指：如果想要刻意加以否定或抑制，我們對某一事物的觀感、意識，在心理上必然會先感受到抗拒力。

有一種「反轉圓形」的小遊戲，相信很多人都玩過。在一張黑紙上印上幾個白色冠軍盃的圖形，接著將它急速轉動，只要一直盯著它看，就會看到上面不只有冠軍盃，還浮現兩張相對的面孔。

當然，這並不是實象，只是物與背景快速轉動所顯現出來的幻象。以黑襯托白，白將顯得更白。將這道理運用在說話技巧上，便要懂得以否定表達更強烈的肯定，描繪出更深刻的印象。

「以否定表示更強烈的肯定」，若是運用得當，成效相當好。

有家香煙廠商製造的產品特別長，但在廣告上卻強調長香煙的不方便，結果產品的知名度因此提升，銷售量也直線上升。

某位高中生第一年考大學不幸名落孫山，第二年也榜上無名，經過第三回的努力，好不容易金榜題名，心中欣喜異常，立刻打電話回家告訴母親，但卻故意壓低嗓門說：「媽媽，我的成績不太理想！」

母親聽到那種聲音，緊張地追問：「又是名落孫山？」

「考是考上了，但……」

這位母親一聽，原先的失望、忿怒，一瞬間轉化成喜悅，意料之外的變化自然讓她的驚喜感受更加深刻。

以上的說話技巧，就是利用反面手法，達到更強烈的正面效果。

除此之外,想要讓自己說出的話更有說服力,務必要使語意生動明晰,才能深深打動聽者的心,進而獲得不同凡響的效果。

希臘哲學家阿拉佛雷德斯便主張:「生動並無一定的準則,唯有力求不斷變化,才是生動的本質。」

注重生動地傳達語言和思想,能夠讓想法表達得更加精采活潑、扣人心弦,富有生命力。

宣傳用的廣告文案,是企劃家們嘔心瀝血的結晶,其中最重要的就是「標題」,「內容」則次之。

「標題」的本意就在於具有吸引力,能夠先抓住觀者的注意力,接著才有興趣去看「內容」。這就是各大廣告公司往往極力尋求真正簡潔有力、富有吸引力的廣告標語的原因。

人的記憶惰性相當重,只憑單純事實顯然不夠,於是就有人故意捏造出一個形象,再透過各種媒介讓視聽大眾產生第二真實性的幻覺,這就是「疑似假冒」,在廣告中的應用相當普遍。

美國廣告界的先驅霍普金斯先生，撰寫文案的能力赫赫有名，他曾接受生力啤酒公司的委託，代爲設計一句廣告語。在參觀該工廠全部製造過程以後，經過仔細地思考，他擬出了一段廣告文案：「生力啤酒，經過絕對有效的殺菌消毒，所以最美味、最衛生。」

乍看平凡無奇，但強調了其他啤酒欠缺的衛生形象。生力啤酒就因爲這則廣告語，銷售量由世界第五位躍居第一。

可口可樂、百事可樂以及賓士等等名牌汽車，之所以能夠獲得世界各國消費者的喜愛，廣告標語肯定佔了很大的原因。

能夠做到簡潔有力、具有創意，就能成功吸引消費群體的注意。有辦法在消費者心中留下印象，行銷自然成功。不僅限於商業領域，日常的人際相處同樣適宜運用這些方法，掌握其中的精髓，就能夠有效達成加深他人印象的目的。

言語尖銳，讓不受歡迎的人知難而退

使用對感情交流正常發展有負面影響的詞，只有百害而無一利。但如果希望討厭的人自動離開，不妨多用些刺耳的詞吧！

勉強自己和一個討厭的人來往，不僅沒有意思，也浪費時間。

但若要你拿出勇氣來，當面和對方攤牌：「我不想再看到你，你別再找我好嗎？」卻又感到太不留情面，很難說出口。

這時候，只要採取下列方式，便能夠若無其事、輕輕鬆鬆地把他們打發。

例如，面對一再登門拜訪的推銷員，不妨這麼說：

一、謝謝，但我不想要。

二、不必了，謝謝。

三、價錢太高了，買不起。

四、我現有的已經夠用了。

日本商業專家森本厚吉在他所著《說話法經緯》一書裡，認爲以上這四句話當中的任何一句，都足以成功地拒退推銷員，使他們知難而退。

如果把這四句話稍加變化，進一步用於人際的交往過程中，便能夠在日常生活裡應付自如。

那麼，應如何變通呢？

可採用的句式如下：

一、我一點也不想聽你說這些話。

二、這些話對我沒用。

三、以後再說吧！

四、那種事我早就知道了。

這四句話中，以第一句最具效果，但必須視時視地、因對象妥善運用。它們雖不致於讓對方狼狽不堪，但必會知趣地自找台階下。

再更進一步來說，當我們討厭一個人，想要趕走他，卻又不能直接挑明了說，就該聰明地利用說話技巧達到目的。

●應用非情感交流詞語

優秀的小說家、劇作家、作家、作詞者們，簡直就是「語言魔術師」。經過他們安排的巧妙台詞，總能充分描寫出場人物的心理狀況，並帶動情節發展，技巧之卓越，實在令人讚嘆。

可是事實上，當你在看一齣戲時，只要稍加留心，必定會發覺在某個特定的場合，會出現特殊的話。

舉一個明顯的例子，酒家女、舞女在和她們的恩客話別時，幾乎都是千篇一律地說：「好啦！反正像我這種女人，怎麼能夠和你攀上交情！」

不仔細分析這句話，絕對想不到諸如「好啦」、「反正」等輔助詞，雖然沒有實體意義，卻能產生舉足輕重的影響。

這都是些違逆人與人情感交流的「非感情交流用語」，當然，這類用語數量不少，並非僅有這幾個。

上述這些話對於感情交流的正常發展，百害而無一利，但能發揮「非常效果」。因此，如果希望討厭的人自動離開，不妨多用些刺耳的詞吧！

●打岔

無預警切斷別人的話，殺傷力極大，畢竟再沒有比正滔滔不絕地講話時，突然被人打岔，更令人感到惱火的事情了。

一位善於此道的人，必定是這樣的：當別人高談闊論，漸入話題軸心，立刻瞄準了關節處打岔：「是那樣嗎？」

接著，便是一連串無關緊要、無關痛癢的廢話。

這當然有礙於交際往來，可是用它來逃避惹人厭者，卻能屢屢奏效。

有位家庭主婦運用這個方法，可說到了出神入化的境界。當她不想聽人囉唆，或想拒絕登門拜訪的推銷員時，便會在對方講得正起勁時，很不客氣地說：「對不起,我要上一號。」

可想而知,如此重複兩三次之後,對方就沒有繼續講下去的興致了。

連續使用附和語,也是中斷談興的好方法:

一、強硬地切斷對方的主要講題:「這是什麼」、「請再說一次」、「請等一下」……等。

二、轉換對方的話題:「是那樣嗎」、「話不能這麼說」、「難道沒有例外嗎」、「有時候」……等。

無論在任何場合,若能把上述列舉的話,每隔五、六分鐘便用上一次,保證發揮神效,可以讓討人厭的推銷員、喜歡在你面前嘮叨的人受到某種程度的打擊,乖乖地離開,不敢再繼續大發厥辭。

要讓女人離自己遠一點,又該怎麼做呢?

風流的美國男人之間,相傳著這麼一句話,專門用來對付一夜情的女性——「妳打嗝的味道眞難聞！」

此話一出，成功率高達百分之百，那位和自己有「一夜之緣」的女性必定會又羞又怒地甩門離開。

當著異性的面，男人們通常都像個紳士，說話用詞極爲小心謹愼。可是，一旦所處的場合沒有女人，便會像變了個人似的，髒話滿天飛。

他們當中，絕大多數都相信一句話：「女人允許你背地裡做髒事，但絕不能當她的面說髒話。」

由此看來，我們可以知道，絕大多數女性對於生理上的用語相當敏感，很怕聽到別人當面說出來。如果有人當面提出的話，那場面眞會讓女性感到不知所措，難堪到極點，恨不得鑽進地洞裡去。

說些不客氣、較尖銳的話，是讓討厭的人離開自己的好方法。當然，仍需掌握一定的尺度，以不過分汙辱人爲原則，這點必須謹記。

輯2.

出乎預料
往往能收意外功效

想要強力克制自己處於興奮、衝動、
極度緊張時的言行舉止，
是一件很不容易的事，
但這種功夫往往能使對手極度不安。

抓準心理漏洞，交涉更能成功

利用對方在心理上出現漏洞時趁機爭取利益，不失為一個好方法，讓對方無話可說，即使有怨也無處訴。

語言就像一把雙面刃，說得好，事情可以圓滿順利；說得不好，則可能激發對方的逆反心理，讓事情變得更加棘手。

因此，活在競爭激烈的現代社會，每個人都必須學會操縱人心的說話技巧，確實運用在每個需要的場合，讓同事、上司、客戶或是交涉的對象都成爲最好的助力，而非最大的阻力。

當你開口說話，逗得對方樂在心裡、笑在口裡的時候，忽然話鋒一轉，頂他幾句，無論是脾氣再怎麼莽撞、暴烈的人，也無法立刻還以顏色，因爲他的笑容都還掛在臉上，很難立刻收起來。

因此，如果要藉著語言達到某種目的，就必須先讓對方高興，最好到失態程度，接著再捕捉最恰當的時機，藉「語言」迫他贊成、同意或投降。

類似的運用，在商場最常見，例如以下實例：

一個表演團的代表要到某家酒店進行交涉，因為這家酒店的經理非常精明，答應支付的報酬太過低廉，將讓表演團入不敷出。

但是礙於情面，表演團代表又很難拒絕對方，原來這位經理曾經在表演團發生財務困境的時候予以周轉。

該怎麼辦才好呢？

經過一整晚的思考，表演團代表終於想出一個好方法。

隔天餐宴上，她絕口不提酬勞的事，只是陪著酒店經理抽煙、聊天、說話，引得經理開懷大笑，然後代表主動說：「我們表演團的全體同仁，可以為您和貴店虧本演出。」

經理聽了這句話，更樂得眉開眼笑，呵呵的笑聲怎麼也止不住，想不到這位代表突然把臉色一沉，非常鄭重且嚴肅地說：「什麼！這有什麼可笑的？你把我當傻瓜，以為我真的是那種人嗎？好！你這個鐵公雞，我已經認清了。對不起，這次演出就此取消。」

接著她裝出憤而離席的樣子，讓那位笑容還掛在臉上的經理大為恐慌，只得一把將她拉住，賠不是道：「千萬別這樣，有話好說、有話好說，關於報酬，我們可以從長計議。」

這個代表眞是位「最佳演員」，演出的效果好極了。於是雙方重訂合約，照舊演出，表演團終於獲得應有的利益。

利用對方在心理上出現漏洞，趁機爭取利益，不失爲一個好方法，巧妙使用這一招通常都能成功，讓對方無話可說，即使有怨也無處訴。

出乎預料往往能收意外功效

想要強力克制自己處於興奮、衝動、極度緊張時的言行舉止，是一件很不容易的事，但這種功夫往往能使對手極度不安。

根據資深警員們多年經驗得出的看法，被害者在面對竊賊時都有一種共同心理，就是恐懼被殺害。

逃走、呼救正是一般人遭受盜竊時的共同反應，盜竊者對於這種現象也有了防備的措施，料定被害人一定會驚嚇不已。如果狀況正好相反，對方不僅不逃走也不呼救，反而會令竊賊深感不安。

有一次，日本女作家曾野綾子的住宅被侵入，好幾名歹徒闖進臥室。

曾野綾子雖然非常害怕，但強自壓抑恐懼，鎮定地說：「帶走你們要拿的東西，然後滾蛋！」

歹徒們聽了這番話，不禁大吃一驚，誤以為她早有安排，於是什麼也不敢拿，慌慌張張地逃之夭夭。

對大多數人來說，想要強力克制自己處於興奮、衝動、極度緊張時的言行舉止，實在是一件很不容易的事，但這種功夫往往能使對手極度不安。

日本幕府時代末，江戶重臣勝海舟之所以能安然容於亂世，據說也是仰賴對此種心理要訣的運用。

有一則關於他的故事，日本人無不耳熟能詳。

一天，勝海舟在京都四條通散步，未料有一位蒙面刺客在蔭蔽處鵠候多時，一見勝海舟走近，立刻跳出來，用手槍指著他的胸口。

因力主開拓疆土，勝海舟在當時樹立不少政敵，如果被這位蒙面刺客槍殺身亡，便無人率領船隊到美國，不但近代文明無從輸入，開國更是無望。

勝海舟很快反應過來，隨即了解這是怎麼回事，不慌不忙、滿不在乎地說：「別害怕，喏！瞄準這兒。開槍吧！老兄，請！」

勝海舟一面說著，還一面猛拍自己的胸脯。刺客看他愈走愈近，竟然嚇得立刻丟下了槍，轉身就跑。

實際上，任何人碰到上述情況，很難不恐懼。遇到刺客的勝海舟當然不是不害怕，但他控制得了自己的情緒，這就是高明的地方。

在極端盛怒、不可理喻的時候，加以讚揚；在不可一世、趾高氣昂時，澆下一盆冷水，這比責罵更能夠使對方深感意外，而收到良好效果。

這種技巧一向爲領導階層慣用，但即使是日常人際相處，也不妨找機會試試看，相信同樣能收得意想不到的妙效。

批評人格最是要不得

說話技巧好的人，必定懂得察言觀色，當對方勃然動怒時，能夠為自己找個台階下，化解緊張的火爆氣氛。

美國群眾心理學家巴克博士．在所著《內在的敵人》一書裡，曾探討過夫妻爭吵的原因。他以兩百五十對夫婦作抽樣調查樣本，研究爭吵時所用詞彙，發現其中最容易激怒對方的戰略，莫過於分析並侮辱對方的人格。

以下是巴克博士所舉的實例：

妻子：「我知道，你又在開玩笑了！」

丈夫：「絕不是開玩笑，我最了解我自己。」

妻子：「我才不相信，我最了解你，看來人模人樣，實際上真不是東西。」

這段對話針鋒相對，充滿火藥味。

這位太太如果眞說中了對方的瘡疤，她的丈夫必定暴跳如雷，因爲「眞不是東西」的辱罵，天下沒有幾個人能忍受得了。

凡具有破壞性的口角戰略，通常會遵循下列程序進行：

一、限制對方的性格。

二、互相批評對方的人格。

三、相互的人格破壞，而將對方擬物化。

當然，這原則不只限於夫妻吵架，擴大到其他較長時間接觸的人與人之間，也常常發生。

大企業的管理人員都會記得時時提醒自己，避免說出「你的特性是……」、「你天生就……」這類話，以免引起部下的反感。

人性的缺點之一，就是深信「江山易改，本性難移」，因此總是善於原諒自己，惡於寬恕他人。

這種情況下，一旦被人掀開底牌，受到刺激，那股創痛豈能忍受得了？

世界各地殺人案件都有逐漸增加的趨勢，尤其在美國的大都市如紐約、舊金山等地，更是駭人聽聞。以紐約爲例，曾經在短短六個月之內，發生了一千三百四十六宗謀殺案。

心理學家分析，這些不幸事件之所以發生，多數都是由於被害者使用了惡毒的話語，成爲悲劇發生的導火線。

例如，有被害人用最刻薄的方式對加害人說：「你這個沒出息的東西，一個大男人竟然連老婆也養不活，還欠下一屁股債！」

這句話非常嚴重地傷害了這名加害人的自尊，因而從一開始的憤怒、不安，逐漸轉變爲緊張、激動，最後瘋狂地舉刀殺人，符合心理學上「心理慘遭挫敗，導致行動發洩」的理論。

當自尊遭到無情傷害，如果不能以較緩和的行動排除蓄積在胸中的忿怒，心理上的強力挫敗將可能轉爲一股強勁的憤怒，導致喪失理智，做出傻事。

遇到這種狀況，應設法疏導，化乖戾爲祥和，避災禍求平安。

說話技巧好的人，必定懂得察言觀色，當對方勃然動怒、怒火中燒時，爲自己找個台階下，化解緊張的火爆氣氛，不讓彼此的關係繼續惡化下去。

和性格敏感的女孩子講話，更應格外地愼選措詞、用語。女性大都非常不能忍受傷害自尊心的話語，若對方眞的長得不好看，「妳長得蠻漂亮」這種近於諷刺外貌的話便絕對不能說，要避免談及美或不美的問題。

如果眞的沒辦法閃避類似話題，不如單刀直入：「妳雖然長得並不漂亮，可是相當迷人，妳的談吐、妳的舉止，在在都令我著迷。」

說話的時候，要注意避免觸及可能傷害他人自尊的敏感話題，萬一不小心點到，則要儘快設法緩和氣氛，如此才能讓社交場合的氣氛更加圓融美好，人際關係更爲和諧。

為人文雅，偶爾也可以說粗話

以粗話發洩心中「罪惡感情」，能夠有效降低心理上的負荷，排除鬱悶，使犯罪行為減低。

一般人都有一種想法，就是不可說粗話。

但這種想法眞是「完全正確」的嗎？

其實，並不一定如此。

和別人說話往往是爲了達成某些目的，粗話也是語言的一種，只要謹慎運用，也能發揮意想不到的功用。唯有細心研讀並靈活應用語言的魅力，具備良好的說話能力，才能增強自己的競爭力。

法國知名小說家佐拉，在名作《酒店》中，有一段描寫兩名巴黎洗衣婦吵得面紅耳赤的場面：

「到那邊去！騷貨，別在這裡坐冷板凳了！」

「臭三八！妳還算是人嗎？撒泡尿自己照照吧！」

「妳這渾身騷味的狐狸精！下三濫！」

「說我？妳還是趕緊洗洗臉、刷刷牙，今晚到貝姆街街角去拉客吧！」

無論是誰，在爭論中聽見類似的言語，相信必會忍無可忍。

有時候，當你承受難以忍受的汙辱，或是內心感到分外壓抑時，不妨破例罵個一兩句粗話。

低水準的咒罵往往是戰勝對手的絕技，但必須謹慎使用。

在氣頭上說出來的難聽話，覆水難收，很難再和對方復交，因此，除非一開始就抱定未來將互不往來的念頭，否則不應輕易使用。

當然，無論從任何方面來說，使用此法確實應仔細衡量狀況，尤其必須避免觸及以下三點：

一、生理上缺點：胖、矮、瘸、聾、醜等。

二、身份上的卑賤：乞丐、私生子、拖油瓶、妓女等。

三、能力上的低差：白癡、性冷感、呆子、騙子等。

任何人或多或少都有自卑感，你所講的話離自卑感的核心越遠，就越不容易挑起怒火，反之，則越容易成爲點燃爭吵的導火線。一旦觸碰到上述三點任何一方面，理智的判斷會立刻消失，代之而起的是一種動物性的原始防衛本能。

有人說，絕對不可傷了別人的自尊心，就是這個道理。

罵一句粗話，確實可以幫助發洩心中的諸多不滿，疏解鬱積的情緒。我們當然不鼓勵說粗話，但是在必要時，仍可權衡輕重，適時使用。

不堪入耳的粗話諸如「三字經」等等，文雅守禮的人，於正常的人際關係當中，最忌使用，體面的紳士淑女們更不好意思說出口。但是，在美國紐澤西洲的監獄裡，不但不禁止，反而率先倡導使用。

原來，凡是送到這所監獄裡的犯人，幾乎清一色爲犯下性侵害案件的犯人，不然就是性變態者。

普廉達加斯特博士是專辦當地性犯罪案件的檢察官，竭力提倡以罵髒話爲發洩方式的「精神矯正法」。

他的理由是：

「如此發洩情緒，將能夠使性犯罪率降低，夫妻之間發生爭吵，以及人與人之間有任何糾葛，也同樣適用。」

「這裡收容的強姦犯，男犯者們大都有毆打妻子的前科，或是有性虐待記錄，女犯人們則有暴露狂、淫虐狂。他們的感情經常受到壓抑，如不予以適當的疏導宣洩，一旦爆發，難免犯下更嚴重的過錯。」

以粗話發洩鬱積在心中「罪惡感情」，能夠有效降低犯人心理上的負荷，透過這種另類的「淨化作用」，使曾在該監獄服刑的罪犯，「回獄」的比率降至百分之〇・七％。

這個方法也確實適用於一般人，當心中存有不滿和隔閡時，可以到人跡不至的地方，大罵幾句粗話，作爲犯罪行爲的代替，以排除心胸的鬱悶，並有效降低肇事可能性。

這也難怪曾有人如此主張，解決夫妻爭吵的好方法，是乾乾脆脆、痛痛快快地大吵一番，這完全符合上述的道理。

當然，夫妻爭吵時不需要使用粗話，但是爲了在爭吵時徹底消除彼此心中的不快，不妨彼此罵些壞話。

徹底將怒氣發洩出來之後，往往不一會兒就能完全平靜下來。

只要牢記一個原則——不要傷了對方的自尊，不撕破臉，如此多半能收到排解負面情緒的效果。

我們絕不「鼓勵」罵髒話，但在發洩情緒的前提下，這的確是一種可以有效達到目的的方法，可斟酌採用。

專注傾聽，對話更具意義

真正的對話應該是雙方都認真傾聽，這不只是彼此之間精神上的交流，更象徵了心有靈犀一點通。

凡是能言善道的人，必定也是最會聽話的人，不僅懂得專心聽對方講話，也會專心聽自己講話。

「我之所以能夠成功，在於我隨時注意聽自己講的話。」日本蜜絲佛陀公司舉辦的化妝品推銷員講習會上，一位成功的女推銷員說出以上開場白，立刻引起與會人士的注意。

這位臉蛋姣好，身段修長，看來不到三十歲的女士接著說：「如果妳要向顧客推銷口紅，可以對她說：『將這支口紅塗在乾燥的嘴唇上，就會立刻變得潤滑有光澤。』必且把『口紅』、『乾燥的嘴唇』、『潤滑』、『光澤』等詞彙連起來講，效果最好。」

這位一流推銷員確實懂得如何說話，但她更懂得「聽」的藝術。自己講，自己聽，藉由說話的姿態和表情，以及「我們」這個詞的巧妙使用，成功地將顧客和她自己拉進了口紅的美感裡，凝聚共識。

哲學家瑪普巴說：「人與人相處，必須先誠心相待，才能夠發現自我。」密西根大學加普蘭教授進一步闡揚了這句話的意思：「人與人之間，談話的缺失、弊端，並不一定來自技巧的愚劣，而是由於彼此都急於表達自己的意思，因此缺乏耐心傾聽。」

這段話，實在是一針見血的高論。

在日常生活中，當我們遇到高談闊論、喋喋不休的對象時，往往不僅不注意聽對方說話，甚至還急著尋找讓自己說話的機會，好發表宏論。到最後，對方的話一句也沒聽進去。

當你在高談闊論時，別以爲別人的回應是一種贊同，說不定那只是告誡你：「現在聽你的，等一下可要聽我的了。」

眞正有效的對話，應該是雙方都很認眞傾聽，無論由哪一方說話，不僅對方注意在聽，自己也注意在聽，這不只是彼此之間精神上的交流，更是「心有靈犀一點通」的象徵。

如此，才能夠讓對話更有效果，自己的談話技巧也能夠在傾聽的過程中逐漸進步，懂得把話說得更好。

適度的讚美讓言語更美

投其所好，給予適度的讚美，接受者會因此流露出喜悅的情緒，這就是「奉承」發生了效用。

稱讚往往令人產生情不自禁的喜悅，並且逐漸增長，覺得難以克制。

想要拉攏感情，就必須要學會善用人際關係的潤滑劑——讚美，這是各行各業成功者不可或缺的本事。

我們都知道人是感情的動物，然而，所謂的「感情」究竟是什麼？

喜悅、悲傷、憤怒、憎惡……等等，當然都隸屬於感情的範疇，但是若要更詳細地區分，那些經由喜悅、悲傷、憤怒、憎惡等情緒影響所表現出來的態度，才是眞正的感情。

聽人傾訴，不知不覺地灑下同情之淚；讀一段新聞而感到義憤塡膺；聽一段演講，跟著它的內容而喜、怒、哀、樂；欣賞一段電影而開心大笑，這些因心理感應所產生出來的反應因人而異、因地而異，正是感情。

大體說來，所聞、所聽、所見，能使人動心，動情，感之於內、發之於外，便是「感情」。「感情」一字的英文，追溯語源，是「感觸」的意思。

迄至今日，已有許多位心理學家提出對「感觸心理」各不相同的看法和主張。但是，感情相當複雜，感觸的表現更是千頭萬緒，所以任誰都不能妄加推斷，遽下具體定義。

謝拉博士曾試著把感情分爲支配肉體條件的反應、本能表現，以及受到自我價値行動驅使的精神表現，並進一步分成四個層次以分析：

第一層：由於肉體的刺激引起本能反應，包括苦痛、快感等。

第二層：整個肉體感覺到的感情，包括緊張感、疲倦感、滿足感等。

第三層：一般所稱的感情，如喜、怒、哀、樂等。

第四層：心靈上的感受，如宗教性、家族性的喜悅和平等。

由這四層次看來，我們的感情經常受到當下身處的狀況所左右、支配，尤其是第二層、第三層所指的感情，更容易受到激動。只要一句話、一小段文字，就能使人充滿喜悅、不安，或是亢奮。

給予適度的讚美，恰如其分的誇獎，接受者會因此流露出喜悅的情緒，這就是自我意識所引起的現象，也就是「奉承」發生了效用。

自我意識強、警覺性高的人，即使老於世故，也經常難以抗拒虛偽的奉承。遇到這種人，不妨投其所好，對他們說幾句好聽的奉承話，讓對方逐步陶醉、忘我，放下戒心。

但同時也必須留意，奉承別人的時候得謹慎拿捏分寸，輕輕搔到癢處即可，如果過分，反而得不到預期的效果。

亂戴高帽子不是好事

不要一味地認為讚美是一種善舉，必須要學會使用適當的用語，才不會產生反效果，造成他人的負擔。

讚美別人，得先了解對方的心理狀態，並且熟悉對方的人格。因爲，人際關係往往只建立在人格的一部分，或是彼此可見的特徵之上，導致我們無法全盤了解對方的心理狀況、個性。即使親如夫妻，相互之間想要達到百分之百的了解，也是不可能的事情。

正是由於這個緣故，越是受到別人過分的讚美，越會感到自己不被了解，甚至產生被他人捉弄的感覺，進而導致不愉快的感受。

一九六三年，蘇聯領導人赫魯雪夫大力推崇美國詩人羅伯特．佛洛斯特，讓佛洛斯特深感不安。

接受了過多的讚揚，今後理所當然只有更加傑出才能與目前的身份匹配，可萬一失敗了，或者喪失作詩的靈感，又該怎麼辦？於是，佛洛斯特憂心忡忡，惶惶不可終日，越來越感到恐懼不安。

赫魯雪夫到底對佛洛斯特戴了哪幾頂高帽子，詳情我們並不清楚，但是，在日常生活當中，你我應該都曾有過類似的經驗。

若被人大力稱讚：「你太好了，太寬大了，太仁慈了，一點也不會生氣！」受到如此過分誇獎，心裡會有什麼感覺？

最初，你可能覺得有點飄飄然，但隔不了多久便會越想越不對勁，簡直有被揶揄、想要立刻予以否定的衝動。

心理學家吉諾特說，一個小孩子被大人過分地誇獎，反而會表現出淘氣調皮的行爲，藉以自嘲並表示反抗。

事實上，大人也會如此。

一名字寫得很漂亮的新進員工，在開會時受到上司當面誇獎：「啊！字寫得不錯喔！漂亮極了！那以後要好好幹呀！」

如此讚美，反而使得這位年輕人產生相當不自在的感覺。

誇他字寫得好，這是客觀的事實，但在最後加上一句「好好幹呀」，等同於以主觀事實武斷地影響對方的心理狀態，當然會使人忐忑不安，心裡不得不承受一副重擔，極有可能在下意識中產生抵抗的態度，造成反效果，反而使得表現大不如前，明顯退步。

承受別人的過度讚美，就好像對方正在肆意地在評價自己，當然會催化出不愉快的感覺。不要一味地認爲讚美是一種善舉，必須要學會使用適當的用語，才不會產生反效果，造成他人的負擔。

三思後言才能減少誤會

人們有時候會在無心之下說出傷害對方的話，因此衍生種種誤會。想要有效防止，最好的方法就是留意自己即將說出口的話。

說話就像一把雙面刃，說得好，事情可以圓滿順利；說得不好，則可能激發對方的逆反心理，讓事情變得更加棘手。

因此，你必須學會看穿人心的說話技巧，確實運用在每個溝通的場合，讓同事、上司、客戶或是交涉的對象都成為最好的助力，而非最大的阻力。

我們常因說錯一句話而使人發怒，於是只得急急忙忙地道歉，表示：「我收回前言！」「對不起對不起，我不是這個意思！」或是：「宰相肚裡能撐船，請你多多包涵！」

但是，傷害已經在他人的心中留下陰影。

與其事後道歉，何不事先謹慎思考？

以下，讓我們來看一個相當實際的例子：

家庭主婦最忙碌的時刻，莫過於早餐前的片刻。這時候得忙著打理早餐、忙著準備便當、忙著幫孩子們穿衣服，擔心孩子們的書包裡是否忘了帶什麼。不但如此，先生的襪子、襯衫也先要準備好，領帶還要配好顏色。

如果於此同時電話又響了起來，熟睡中嬰兒被驚醒，「哇哇」地大聲哭了起來，烤箱裡的麵包則傳出陣陣焦味……

面對一團混亂的場面，如果丈夫開口說話，可能會有三種情況：

A、「怎麼搞的！麵包又烤焦了？」

B、「眞糟糕，小傢伙醒了，今天早上夠妳忙的了。」

C、「烤焦的麵包也別有一番風味哪！」

美國心理學家吉特博士，曾針對這三種說法，對一群家庭主婦進行一場實驗。結果主婦們普遍對於A感到最為憤怒，B稍不滿意，但可以一笑置之，認為只有C才是人說的話，深得人心。

這個例子提醒我們：在開口前，為什麼不想想該怎麼說話才不會影響對方的心情？何不多說點體貼的話呢？

傷人感情的話語，最易使人發怒，有時候，即便是出自善意的忠告或教訓，但若用辭不適當，仍會使人感到不滿，不僅發揮不了作用，反而造成傷害，挑起積壓在心中的怒火。

人有時候會在無心之下說出傷害對方的話，因此衍生種種誤會。想要有效防止，最好的方法，就是留意自己即將說出口的話。

「擴大自我」讚揚，效果成倍加強

當被別人褒獎的是連自己也沒有察覺到的長處時，「擴大自我」的滿足將更勝「確認自我」的喜悅。

日本知名文學家三島由紀夫，在《不道德教育講座》一書中，曾描述了這麼一個故事強化自己的論點：

凱末爾大將率軍征戰，每戰皆捷，凱旋回國時，民眾紛紛讚揚他：「了不起，您真是傑出的軍事家！」

類似的奉承話不絕於耳，一開始凱末爾覺得很得意，但聽多了就無動於衷，不再因此感到高興。

有一天，一位職卑位低的官員，看到凱末爾將軍的鬍鬚，輕輕地獻上一句：

「啊！將軍，您的鬍子好漂亮！」就憑著這句話，凱末爾頓時感到非常開心，立刻將這位奉承他的人擢升為幕僚。

「傑出的軍事家」，讚美的是凱末爾將軍自己也認同的長處，也就是所謂「確認自我」的讚美，因此受到讚美，會認爲那不過是種禮貌性的表面稱讚，聽久了也就不以爲樂了。

但當被別人褒獎的是連自己也沒有察覺到的長處，「擴大自我」的滿足將更勝「確認自我」的喜悅，非但更有影響力，而且歷久彌新。

一些剛剛出道的記者不了解這層心理，訪問某些專家、學者之後，常常妄自褒獎，斷下評語，結果適得其反，被專家們厭惡，等於將馬屁拍在馬腿上。

有一位神通廣大的攝影師，有本事讓任何一名女子在自己面前脫得精光，供他拍照，無論對方是熱情女郎，或是清純少女。

有一天，他終於說出了訣竅，原來他每次都不斷地讚美女子某個美麗的部位，不帶任何邪思遐想地說：「呀！妳的耳根好美、好性感！」「今天的彩妝和髮型搭配得宜，任何人都會爲妳心動的！」

大多數女性每天總要面對著鏡子不停地打扮，注意著外表上的各個小細節，因此，對於自己的面貌、胴體最清楚不過了。如果只是很普通地稱讚她臉蛋漂亮、美麗動人，不會有太大效果，倒不如讚美別人不曾讚美過的地方，最好是連她自己也很難想像到的。

像是「妳的耳根好美、好性感」，這就是被稱讚者始料未及的，所以當然樂陶陶且百依百順地寬衣解帶，供攝影師拍照。

這就是「自我擴大」的喜悅，比起「自我確認」要強烈、持久得多。想要把話說得更妙，便該善加利用，以求發揮功效。

輯3.

拋出肯定問題 讓對方傻傻同意

以絕對肯定性的方式作為話題的開頭，
讓對方在不知不覺中放鬆心情，
解除了心理的武裝。

喚起同理心，說服最有力

說服別人之前，要先讓他進入相同的情境當中，對問題感到關切，產生切身之痛。

古羅馬思想家馬可·奧勒留曾說：「很多時候，只懂說話藝術的人，不見得比能看穿人心的人更具說服能力，更受到對方青睞。」

想要進行有效的交談，就必須先洞悉對方心裡正在想什麼，然後順著對方的心理說出最精確的話語。能不能看穿對方的心思，往往就是交涉溝通能否順利成功的最重要關鍵。

「如果你是我，你會怎麼做？」

採用這種說法，正是說服技術的第一步。

這是一種利用「角色扮演」方式，讓對方產生互換地位、模擬立場感覺的技巧，藉此提高達到說服目的的可能性。

美國著名的人際關係專家吉普遜先生，有位好友官拜陸軍上將，他認爲這位好友之所以能有此成就，完全得力於具備超人一等的說服技巧。

「我的朋友從小就憧憬軍旅生涯，希望能成為一代名將。高中畢業後，適逢一九二九年美國經濟大恐慌，人人被生活逼得走投無路，有志青年都一窩蜂地擠入免學費的西點軍校，有辦法的人，到處託人關說，把有限的名額全佔據了。我的朋友是個毫無背景的升斗小民，一點辦法也沒有，於是他四處打躬作揖，鼓起勇氣拜訪幾名地方上有頭有臉的人物。」

「他對他們這麼說：『先生，我是個優秀的青年，身體強健，有愛國情操，滿心想進入西點軍校報效國家，可是卻毫無辦法。如果您的子弟和我有相同的處境，請問你會怎麼辦呢？』」

「出人意料之外，這些有頭有臉的人物，經他這麼一說，十之八九都熱心地幫忙寫了推薦書，有的人更積極為他奔走，拜託國會議員，終於突破層層難關，讓他成為西點軍校的學生。」

人對於自己的事，總是懷著極大的興趣和關注力。這位年輕人若不以「如果您的子弟和我有相同的處境」作爲攻心戰術，這些地方上的有力人士，會願意幫他寫推薦書嗎？

非但不會，恐怕還會嗤之以鼻，不屑一顧吧！

正是憑藉著喚起「同理心」，這名青年爲自己爭取到難得的機會。

說服別人之前，要先讓他進入與自己相同的情境當中，從而對問題感到關切，產生切身之痛。在回答「如果你是我……」的問題時，人通常都會不自覺地把自己投影在該問題的中心，因此，答案自然會爲我們提供一個比較客觀的解決方法，這是最起碼的收穫。

請聽下面三句話，那一句較易爲你接受？

一、快去做功課！

二、你該去做習題了！

三、來，我們去做習題吧！

一般人往往最喜歡第三句的語氣，認爲第一句是最討人厭的說法。道理何在？正因爲斥責性太強，命令味太重。

第二種是禮貌性的說法，唯有第三種眞正做到「拿人心比己心」，使人備感親切，進而產生附和、贊成的認同感。這種語氣，能成功使說與聽兩者牢牢結爲一體，減少反抗的意識，縮短自己與對方的距離。

事實上，下達命令的老師、父母親，仍然是局外人，功課仍然必須由你自己完成，但是表現出來的態度和氣氛，卻不會令對方有置身在局外的感覺，自然而然能將抗拒心理降到最低。

以這種語氣對人說話，具有很強的說服性，能收到相當好的效果。

坦承有助於驅除膽怯

立刻承認自身的膽怯，就能戰勝膽怯，於客觀立場評估自己、了解自己，同時儘快冷靜下來。

通常一般人在緊張的時候，會表現得相當反常，不僅無法將原本準備好的說辭完美地呈現出來，甚至連話都講不好。面對這種情形，該如何解決？

推銷人壽保險的業務員貝德加，曾創下美國保險業的最高紀錄。成名以後，他在回憶錄中寫下自己的一段經驗：

有一次，為了爭取一筆巨額保險契約，他必須登門拜訪當時的汽車大王費茲。經過好幾趟的奔波，總算爭取到寶貴的機會，依照約好的拜訪時間，他被秘書引進豪華的大辦公室，見到了費茲。

想不到此時，他竟然一反常態地怯場了，身體顫抖不已，牙齒上下打哆嗦，無法讓自己鎮靜下來。

費茲察覺不對勁，便親切地問他哪裡不舒服。貝德加只好鼓起勇氣說：「費茲先生，我……我因為一直想來拜見您，今天好不容易……了卻心願，但……卻沒想到，見到了您，想說的話……都……說不出來了。」

貝德加結結巴巴地，把這句話講完，但不可思議的事情發生了，他原本畏懼的心理、緊張的感覺竟然全都消失，費茲的形象越來越清楚，桌上的煙灰缸也不再是兩個重疊的輪廓。

他鎮定地落了座，滔滔不絕地道出事先便準備好的話，終於順利贏得那筆巨額的保險契約。

貝德加的經驗告訴我們：「感到膽怯時，自己立即承認。」

這正是戰勝膽怯的最佳原則。在回憶錄中，他另舉了一個實例，以證明「在膽怯時，自己立即承認」這個原則的妙處。

一九三九年春天，天才演員馬拉斯．葉曼受邀在紐約帝國大廈演說，他一上台便嚇了一跳，台下一片黑壓壓的人群，肅穆的氣氛，完全把他震懾住，原先準備好的開場白瞬間忘得乾乾淨淨。

可是，他畢竟是個好演員，一開頭就自然地說：「啊！天哪！讓我大吃一驚，真沒想到有這麼多大人物齊聚一堂，叫我說什麼好呢！」

說完這句話之後，他很快便鎮定了下來。

由於立刻承認自己的膽怯，所以馬上戰勝了心中的膽怯，原本準備好的講詞也就輕鬆、自然、流利地完成了。

貝德加提出的這個原則的確有道理，通常只要在意識裡承認自己的緊張，就能夠站在客觀立場評估自己、了解自己，同時儘快冷靜下來，進而放鬆心情。這不但是一種說話技巧，也是心理學的常識。

以「接納」將心防融化

因為自己表現出完全地接納，所以在無形當中，對方也會更容易接受你的意見和主張。

與人相處，難免會遇到有事求助於人，希望對方能夠同意、聽從、幫助自己的時候。怎麼做才能達到這個目的呢？

這是一門大學問，也是一場「讓對方聽話」的心理戰。

進行此類「心理戰」，一般可分爲理論方法、心理方法兩大途徑。

試圖據理力爭，以大道理說服別人，稱爲理論方法。理論方法通常難以使人心服口服，容易造成僵局。

心理方法則不同，常能收到意料不到的正面效果。

兩者相較，理論方法的成效普遍不及心理方法。

所謂心理方法，先決條件在於從談話一開始，自己就必須努力試著先同意對方的話，這在心理學上稱為「接納」，是「讓別人聽話」的基本法則，在交談診療上使用得相當廣泛。

也就是說，即便對方的談話內容、主張、態度、情感、信念毫無可取之處，甚至不合邏輯、不合道德、違背情理，你也必須照單全收。

若眞能夠做到這一步，自然可使對方全然安心，轉而對你產生敬意，進而增進彼此之間的友誼。正因爲自己表現出完全地接納，所以在無形當中，對方也會更容易接受你的意見和主張。

「接納」法則的應用，不僅侷限於心理診療而已，在其他場合也能派上用場，例如身爲推銷員、店員，將此法則用在那些固執己見，具有極端優越感的客人身上，最能達到效果。

《推銷指南》一書中有「應對的技巧」這一章，專門教導推銷員做生意的方法。書上說：「必須把『您說得對』、『正如您所說』、『您的意思是』等作為開頭語，讓顧客們聽得心花怒放。」

這段文字，清楚彰顯了採「接納」態度說話的妙處。

美國心理學家耶庫曼博士，曾做過一項改變學生意見的實驗。

他反覆地對反對廢止死刑制度的學生們說：「是如此嗎？好吧！」

最後，學生們居然全都改變了自己的初衷，同意他的看法。

由上述例子看來，與人意見相左時，不妨試著先「接納」別人，慢慢地，別人也就會「接納」我們。

拋出肯定問題讓對方傻傻同意

以絕對肯定性的方式作為話題的開頭，可讓對方在不知不覺中放鬆心情，解除了心理的武裝。

戴爾．卡內基曾說：「如果你想要別人接受他們不想接受的要求，只需將這些要求包裝在他們喜歡聽的話語之中。」

確實如此，不論溝通、談判或是推銷自己的想法，想要順利達成目的，就必須先看穿對方潛藏的心思，然後用對方最喜歡聽的話語，巧妙地傳達自己的意思。如果你能在言談間看穿對方正在想什麼，便可以透過洗腦的說話方式，牽引對方往自己設定的方向走。

美國催眠師米爾頓·亞米遜在爲人催眠之前，一定事先準備幾個對方肯定會回答「是」的問題。

這是爲什麼呢？他解釋：「這些百分之百為肯定答案的問題，正是引導對方進入催眠狀態的最佳妙方。」

美國產業保險公司總經理希巴也經常使用這種方法，使人高高興興地在不知不覺中答應他提出的種種要求。

例如，希巴要調整一名員工的工作，雖然只要下一道命令就可以行得通，但他認爲，如果能夠使對方心悅誠服地首肯，效果更好。

於是，他會使出慣用的說話方式以達到目的：

「今天的天氣蠻不錯的！」

「是的。」

「春天好像快到了。」

「真是如此。」

「尊夫人和孩子們都好吧？」

「很好，托您的福。」

「你今年滿三十五歲了嗎？」

「是的，正好三十五歲。」

「你在公司裡做事，已經有十三年了吧？」

以這種似寒暄又具絕對肯定性的方式作為話題的開頭，可讓對方在不知不覺中放鬆心情，解除心理武裝，習慣於回答：「是！是！」

這時候，重要的話題才被提出來：「你會同意調職吧？」

「啊！當然，我願意，一切沒問題。」

就這樣，希巴輕鬆地解決了調職問題。

這是把人引入催眠狀態的心理戰略，必須先提出一連串讓對方回答「是的」的問題，逐步拉近距離、卸下心防，最後才提出最重要的核心問題，以求一語中的，輕易得到同意。

破壞談話調和，讓對方束手無策

如果想要疏遠某個人，不妨斷章取義他的談話內容並立刻反問，破壞內涵、申訴、表現三種機能之間的調和，讓對方無法繼續。

二次大戰期間，學者慕拉被德國納粹黨徒追殺，逃亡到美國，在南加州大學從事語言心理學研究。

一段時間以後，他提出自己的見解：「在情感交流的談話中，話題的內容必須和行動、題旨相互配合。」

他把語言機能分爲內涵、申訴、表現三大類，如果三者無法調和，或某類較強烈，情感交流往往有被破壞的可能。

下面就是一則最佳的實證：

美國無線電公司（簡稱RCA）在仍然屬中小型企業的時代，有一次，派了一位採購代表到巴卜特公司，商討收音機內部零件採購。

經過數次詳談，雙方同意了一切條件之後，終於準備簽訂合約，沒想到這位採購代表卻用輕浮態度說了一句話：「好吧！請在一個星期內把品質保證書和履約保證金送來。」

巴卜特公司代表一聽，立刻針鋒相對：「所謂保證金，只是為確保如期交貨不得延誤吧！本公司一向信譽卓著，至於品質更是無須疑慮，根本不需要什麼保證金，您儘管放心！」

RCA的代表大吃一驚，只好勉強答應下來，後來才知道，巴卜特公司一向以頑固、倔強、自信著稱。

採購代表在與巴卜特的商談過程中，特別強調必須要繳交保證金，觸犯對方的大忌，結果反而碰了一鼻子灰，使得雙方都不愉快。

這種策略，也可以運用到日常生活的對話裡，衍生爲兩種手法：一種是毫不留情地指出某句話的意義；第二種是提出另一種意義，但包含明顯的惡意，以求讓對方感到吃驚，甚至狼狽。

沒有共識的談話，任誰也無法繼續。

如果想要疏遠某個人，不妨無視於他的談話內容，斷章取義並立刻反問他，破壞內涵、申訴、表現三種機能之間的調和，讓對方無法繼續。

既然談話無法和諧進行，那當然只好說「再見」。

具有控制慾的人，無法令人信任

具有控制欲的人，遲早會使周圍的人對他敬而遠之，因為與他交談時必須要有耐心，而且心情經常都處在緊張狀態。

有些人在說話時，會不停地加入「然而」、「但是」……這種連接詞，即使是闡述簡單的意思，也會變得非常繁雜，而無法指出清楚的結論。

有這種習慣，往往在爲時不過四、五分鐘的談話中，重複講五、六次「然而」、「但是」……

我們實在不容易聽出他們話中的重點究竟是什麼？結論又是什麼？眞正的意義又在哪裡？說話者不斷重複地以「然而」「然而」銜接話語，否定前面的話，所以使聽者感到厭倦。

但是，這種「然而論法」卻有個優點，說話者可以遵循一定的軌跡，詳細說明自己的見解。因此，會利用這種方法展開言論的人，反應出他們愼重性格的一面。

不過，從另一方面來看，他們的確未掌握說話重點，讓他的思想看起來似乎未曾經過組織。

如果他們的想法完整而有系統，應該可以表達得更明白清楚。

比如先提出總結，再按部就班根據要點一一說明，如此才能使聽者產生深刻印象，並認爲說話者的思考清晰而有條理。

不管如何，使用這種「然而論法」的人，思考多半還未理出頭緒，所以言論中存在許多模稜兩可的地方。

如此不但無法有效地說服對方，反而使人猶豫不決，不知是否該接受聽到的言論。

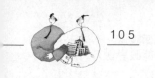

這種說話的方式，也隱藏著巧妙的操縱性。因爲如此說話的人時常會利用「然而……」，把結論一轉再轉，迫使聽者糊裡糊塗採納他的意見。所以，也可以說該類型的人具有控制他人的心理。

這種具有控制欲的人，遲早會使周圍的人對他敬而遠之，因爲與他交談時必須要有耐心，而且心情經常都處在緊張狀態。

因爲他們往往不知道下一個「然而」將會出現什麼樣的新見解，如果缺乏耐心時，實在難以長久相處。

為對手設想是爭取同意的妙方

有事向人請託，應該由小到大、由微至著、由淺及深、由輕加重。如果一開始就貿然提出重大請求，對方一定會斷然拒絕。

說話、做事若能發揮將心比心精神，成效更大。

有家電視台想要針對某幼稚園進行特別報導，節目製作人特地請來一位心理學家介紹，負責居中聯絡撮合。

於是，這位心理學家前往那所幼稚園，懇切地向園長說明來意，沒想到卻被園方以一些冠冕堂皇的理由回絕了。

心理學家鎩羽而歸，回家之後仔細思考了自己被回絕的理由，發現完全都是不成問題的問題，對方只是故意在雞蛋裡挑骨頭。

一個人嘴上若常常掛著「不」，「不」字就成了口頭禪，但那並不是心裡真正感情的直接表示，而是當事人藉著各種牽強附會的理由拒絕，將自己真正的想法隱藏起來。

這位心理學家考慮再三，設法尋思對方拒絕自己的真正理由，試著以「換位」的方式，使自身站在對方的立場思考：「我」該在怎樣的情況下，才能說服園方接受這個請求呢？

第二天，他再度登門拜訪，開門見山地把擬定的計劃全盤托出：

第一、電視台將無條件奉送一套拍攝完成的錄影帶。

第二、如果十六厘米不適用，那麼將會再製作一套八厘米的奉送。

第三、拍攝期間，如果工作人員不能和孩子們和睦相處，將自動取消要求，不造成園方任何困擾。

這樣一來，負責人果然欣然同意。拍攝工作完成了之後，電視台依約製作一套錄影帶給幼稚園，雙方合作愉快。

從以上事例可以知道，只要設身處地爲對方著想，就能輕易地達成自己的目的，這才是穩操勝券的最佳妙方。

切忌動輒搬出一大堆似是而非的理由試圖反駁，因爲那等同於目中無人，輕視對方，只會造成更大的反感和衝突，根本沒有任何實質助益，想要達到目的更是加難上加難了。

想要請人幫忙，除了要儘量爲對方設想，還要注意一點，千萬不要一開始就提出令人難以接受的要求，應該要從小事情開始，逐漸加重程度，逐步達到自己原本期望的目標。

美國史丹佛大學兩位社會心理學家佛利特曼和佛利哲教授，曾以史丹佛大學附近一位名為巴特的家庭主婦為對象，進行一項有趣的實驗。

首先，他們打了個電話給她：「這裡是加利福尼亞消費者聯誼會，為了具體瞭解消費實況，想徵詢幾個關於府上家庭用品選擇的問題。」

「好的，請問吧！」

受訪的家庭主婦同意之後，他們便提出了幾個簡單的問題，例如府上使用哪種肥皂……等。

隨後，校區附近的家庭主婦們也都陸陸續續接到了同樣的電話。

幾天後，他們又打了一通電話給這些受訪者，表示：「真對不起，打擾您了，現在為了擴大調查內容，近幾天內將有五六位調查員到府上打擾，希望您多多支持這件事。」

這件事實在不太禮貌，卻也被同意了，為什麼呢？

只因為第一通電話做好了鋪路的工作。

可以想見，如果他們沒有先打第一通電話，就直接提出第二通電話的要求，必定會遭到拒絕。

根據實驗統計，前一種狀況下，答應他們的主婦佔五十二・八％，後一種只有二十二・二％。

據此可知，有事向人請託，應該由小到大、由微至著、由淺及深、由輕加重。

如果一開始就貿然提出重大請求，對方一定會斷然拒絕。

他們又從另一個實驗中，證明了這種「請託」方法的正確性。

有一年，加州州長大選時期，他們製作了各式各樣的助選標語，然後要求選民們樹立在院子前。

第一組人先提出樹立小型標語的要求，過了一段日子，再表示希望改為樹立大型標語，有的甚至大到把整棟房子都遮蔽了。

另一組人則正好相反，在一開始就要求民眾樹立大型標語。

結果，第二組的贊成比率只有十七%，第一組卻有高達七十六%的贊成率。

這個實驗說明，將心比心、循序漸近，就是讓對方答應要求的最好方式，也是說話辦事之時必須具備的技巧。

順水推舟，紓解憤怒與憂愁

不論正處於情緒激動還是苦悶憂愁，採用順水推舟，多能夠有效讓對方的情緒平復下來。

無端受到上司責罵的職員、沒來由被丈夫斥責的妻子，以及受了萬般委屈的子女，常會以辭職、離婚、離家出走等方式來面對問題。

事實上，這些衝突都不是什麼大不了的事，往往只是一時的氣憤、衝動，如果有人能夠適時予以開導，心裡積有鬱悶的人，多能化戾氣爲祥和，讓激動的情緒逐漸恢復平靜。

舉例來說，一個年輕人剛剛受到老闆的責備，正在氣忿填膺的當頭，此時絕對不可以勸他：「別生氣了，既然是誤會，改天再解釋就好了。」

與其好言相勸，倒不如火上加油：「這傢伙怎麼這麼過分，你應該用力拍他的桌子，頂多是不幹了！」

聽了這番話，他會有什麼反應？多半會跟著說：「對對對，你說得對！我當然要辭職！」但等他說完了慷慨激昂的話以後，便雷聲大雨點小，不了了之，甚至感到後悔不迭。

相較之下，如果在一開始就採取勸服安慰方式，對方還在氣頭上，必定會說：「我一定要跟他鬥到底！」

這樣一來，情況更加僵持不下，不僅平息不了他的怒火，更會耗費許多不必要的精力和時間。

將同樣策略用在心情苦悶的人身上，也能收到不錯的效果。

美國愛荷華州的某座城市的市政府，有一項極具人情味的服務——開放二十四小時的電話交談。

許多人樂於使用這項服務，藉以訴苦或是大罵，當然，大部份是孤單、寂寞的老人，他們往往在電話接通之後，便跟接聽的服務員像老朋友一樣毫不拘束、毫無矜持地暢談起來。

在這中心接聽電話的專家們公認，最得人心，最使老人們開心忘我的開場白，就是：「今晚我也和你一樣感到孤獨、淒涼、寂寞……」

這句話能有效產生共鳴作用，和對方的感情融合爲一，令對方感到心安，原來世界上寂寞的人並非只有自己一個。

別以爲這句話只是公式，事實上，這是將老人們從苦惱中解救出來的最佳妙方。就憑這句話，電話交談服務每年不知道造福、拯救了多少人。

不論正處於情緒激動還是苦悶憂愁，只要順著情緒走，採用順水推舟的語言安撫，多能夠有效讓對方的情緒得到平復。

別一開口就想說服別人

在野身分或是處於逆境中的人，大多具有不安定感，總認為若是不能提出更多的辯解與主張，所處的環境會更加不利。

許多政治人物都喜歡用「……的話」做爲講話的停頓處，特別在言詞過於激烈時，這種語法出現的次數更多。

其實在「……的話」之前，必須表達的意思都已經表達了，大可不必再加上「的話」二字，這時使用「的話」，用意在強調言論的內容。

通常在「的話」之後，應該接著「那麼就會……」或者是「我認爲……」這樣的言詞，可是這些話大多被說話者忽略，而以「……的話」代替之，藉此強調自己對講話內容的堅定意志與主張。

喜歡使用這種「……的話」說詞的人，會令周圍的人感受到一種鬥志，所以政治家在闡述自己的政治理想時，或是公司老闆對自己的職員講述個人抱負時，往往會在不知不覺中使用這種口氣。

如果僅是閒聊日常瑣事，實在不需要使用這種充滿鬥志的說法。

由此可見，「……的話」的說詞，乃是一種僅適用於演說場面的說法，要是在日常生活中也經常使用，則容易製造「說服者」與「被說服者」的對立立場，而使彼此的談話失去平衡，缺乏和諧性。

這種類型的人大多是認真而純潔，不喜歡拐彎抹角的人，但也因此缺乏圓融與幽默感，說起話來常常是開門見山，沒有一點緩衝餘地。

他們不僅說話如此，即使處理日常生活瑣事，也毫無商量餘地，因此容易造成格格不入的人際關係。

一般而言，常使用這種說詞的人缺乏所謂的寬大胸懷與恢宏氣度。他們有拘泥眼前小事的習慣，遇到疑難時，不論大小，總是追根究柢，不肯罷手。

因此，這類的人大都無法把眼前的事暫時放下，而去處理其他的事情，即使在迫切需要時。

前述類型的人亦可稱之爲逆境型。他們大都是個少數派的領袖，或屬於在野陣營，因此讓他們養成具有勇於面對現實的氣魄，遇到發表言論的機會絕不輕易放過，並立刻提出自己的意見，企圖說服別人。

在野身分或是處於逆境中的人，大多具有不安定感，總認爲若是不能提出更多的辯解與主張，所處的環境會更加不利，所以他們喜歡利用前述的說法，以強調要點的方式，積極地遊說他人。

輯4.

站在對方的角度，活用說話藝術

有些顧客確實無購買能力，
有些卻是想進行討價還價，
推銷員一定要仔細分析其真正原因，
加以擊破！

引起親切感，交往就不難

藉由關心對方的家人或使用流行語引起強烈的親切感，產生同夥意識，別人當然樂於與你交往。

對於初次見面以及了解不深的人，如何藉語言消除彼此之間的陌生感，縮短隔閡，以獲得信賴，是一門大學問。

自古以來，許多政治家都具有使人覺得親切的本事。他們懂得利用人性的各項弱點，巧妙使人心悅誠服，無條件接受領導，值得我們學習。

河野一郎是日本一位元老級政治家，十分懂得利用人們的微妙心理，藉巧妙語語使人大受感動。

一九五九年，他在紐約旅行時，巧遇了多年不見的好友米倉近。他鄉遇故知，兩人非常高興地握手寒暄，互道近況，暢談甚歡。各自回到旅館之後，河野一郎立刻撥了一通國際電話給米倉近在東京的妻子：「我叫河野一郎，是米倉近的老朋友，妳先生在紐約一切都很好。」

米倉近的妻子感激莫名，頓時熱淚盈眶。一直到後來，米倉夫妻還經常向人談論起這件事。

人在潛意識裡，總是會特別掛心自己的父母、妻子等關係親近的人，一旦發現對方也在關心著自己關心的人，或者具有相同的關心心態，大都會產生親近認同感。利用這種共同的心理傾向，先使人產生親切感，接下來，自然能夠成爲受人歡迎的人物。

日本昭和初期的政治家田中義一，有一次到北海道舉行一場演說，當地的權貴和百姓們夾道歡迎。

田中義一見狀連忙下車，趨前走進歡迎的行列中，向一位相貌打扮莊重的男士握手寒暄，並誠懇地詢問：「啊！辛苦辛苦！令尊近來好嗎？」

這位男士受寵若驚，卻面有戚色地說：「家父前年過世了。」

田中義一立刻回答：「真抱歉，我很難過。」

事後，有位隨行人員悄悄地問他：「那位先生到底是誰？」

想不到田中義一說：「我也不認識，但是誰沒有父母呢？即使是過世了，表達一下心意也不打緊的。」

這種做法似乎有點虛假，但相當有效。

在日常生活中，必須經常把「令尊好」、「嫂夫人好」、「孩子們可好」等問候話語掛在嘴邊，如此一來必能使他人覺得備受關心，深深感動。

藉由關心對方的家人，或是使用流行語、當地的方言，可以引起強烈的親切感，產生同屬一個團體的歸屬意識，強調「同伴」、「同夥」的關係，別人當然樂於與你交往。

此外，巧妙選擇稱呼對方的方式，也能夠成功營造同夥意識，增加親切感。

由於工作的關係，日本心理學家多湖輝經常和美國人往來。

在談話當中，他發現西方人講話時有一個共通點，就是他們習慣於把對方的名字掛在嘴邊，例如「謝謝您，多湖先生」、「多湖先生，你的英文還不太行呢」、「再見了，多湖先生」……等等。

但是東方人不是如此，多半只喊對方的官銜或職名，在交際應酬中，總是不習慣直呼名字。

兩種不同的稱呼方式會導致不同效果，在與人交談時，西方人透過稱呼對方的名字，能夠輕易獲得親切感，進一步促進彼此之間情感的交流。

稱呼對方的名字，不以官銜、地位、職位等面具的虛飾稱呼，多能夠縮短彼此之間的心理差距，於無形中產生親切感，是把話說得更妙的有效技巧。

比較級用詞讓人無法推辭

應妥善運用形容詞，以比較級來取悅對方。比較級用詞最容易提升聆聽者的自尊心，因此也具有較大的影響力。

美國著名廣告設計師霍依拉，有一回接受國際紅十字會之請託，以及其他基金勸募勸募團體的要求，代爲推展資金勸募工作。

他以一種別出心裁的做法展開工作，藉電話以及挨戶訪問，雙管齊下，居然得到了很多人的支持。

推展基金勸募，不管名目有多麼冠冕堂皇，總是一件吃力不討好的事。

如果直接開口詢問：「請捐獻一點善款作爲基金好嗎？」對方往往會毫不遲疑

地斷然拒絕。

爲了避免這種狀況發生，霍依拉總是先聲奪人，以親切、友善，老朋友般的口吻說：「您好，今年打算捐『多少』給我們作爲基金呢？」

對方原本也許打算一分錢也不捐，但是在這句話中，霍依拉以「去年已經捐過了」作爲前提，於不知不覺中滿足對方的自尊，因此，大多數人會自動地慨然答應，掏出錢來。

在自尊心受到滿足之後，人便很難鼓起勇氣狠下心去拒絕別人了。霍依拉的一個「多少」形容詞，發揮了大大的作用。

有位心理學家蒐集了一百種以上的大衆性刊物，研究其中所有廣告，並且分門別類地加以比較，了解哪一種形容詞被使用得最多、最廣，最後竟然發現，比較級形容詞被運用得最普遍。

「牛奶，讓你『更』健康！」

「口紅，讓妳『更』迷人！」

「電冰箱，使你的家庭生活『更』加美滿幸福！」

透過比較級形容詞或副詞的「加持」，這些廣告雖然沒有把被比較的對象明白地表示出來，但已足以令人陶醉了。

消費者總是會在不知不覺中，被廣告引入比較級的狀態裡，從中獲得滿足，因此，它也具有較大的影響力。

交談中，應妥善運用形容詞，以比較級來取悅對方。比較級用詞最容易提升聆聽者的自尊心，讓他更樂於「捐獻」。

藉同夥意識剷除敵對意識

利用「相互作用影響的體系」，讓「移入感情」發生作用。即使在敵對的關係當中，也能使對方產生「同夥意識」。

把「同夥意識」灌輸到對立或敵對者的腦海裡，是取勝的絕對性關鍵。

因美國獨立戰爭成功而活躍一時的政治家富蘭克林，就是最擅長使人產生同夥意識的說話高手。

有一次，國會召開制憲會議，議決美國憲法，過程中爭論不休，時起激烈的爭執，最後居然演變成對於個人的人身攻擊。

富蘭克林認為，若要使會議圓滿地達到制憲目的，就必須先收拾眼下這種相互對峙的僵局。

於是他起立發言：「坦白說，我個人並不百分之百贊成這部憲法，可是我卻不敢確信，在座的諸位是否也有同樣想法。我已經是耄耋之年了，卻還經常發現自己可能也會犯錯。我確實是固執己見的，但當有了最新最好的資料和更深入的思考時，我也會考慮改變自己的觀點，去容納不同的意見。」

「在一些重要的問題上，我最初以為自己的想法是正確的，然而最後的結果顯示實際上並非如此，於是，我不得不研究別人的不同意見，重新審視過去的想法：『為什麼別人與我不一樣，自己能保證絕對完美無瑕嗎？』為了讓這部憲法順利通過，諸位是否可以再考慮一下自己的意見呢？」

「自己可能也會犯錯」是富蘭克林這段講詞中的精髓，憑著這句話，終於使國會通過了美國憲法。

行爲科學上，這稱爲「相互作用影響的體系」，成功的關鍵在於使「移入感情」發生作用。

哈佛研究中心的羅基恩特教授說：「『同夥意識』原則在心理學上曾經做過多次實驗，均極為成功。」

爲了研究如何改善人際關係，他將一些原本感情不太和睦的男女學生，兩人一組，分成若干組進行實驗，並囑咐每組的其中一名，要以親切友善的態度和對方攀談，結果，另一名原本與組員不睦的學生，不僅消除了敵意，而且大多化干戈爲玉帛，順利和好。

這項實驗的成功率，高達七十到八十五％。

巧用「自己可能也會犯錯」，即使在敵對的關係當中，也能使對方產生「同夥意識」。如果不知道該如何剷除橫亙在彼此之間的感情阻礙，這絕對是一個值得嘗試的說話方法。

把對方當主角，成效會更好

> 想要博得他人的喜歡，在交談的過程中卸除心理防備，就要把對方當作「談話內容的主人翁」。

有兩名士兵同樣從戰地歸來，回到苦苦守候的女朋友身邊。

其中一位說：「我在外孤孤單單，好寂寞！」

另一位說：「沒有妳在身旁，我好寂寞！」

同樣的內容，不一樣的說法，哪一句更能使女朋友感到開心？

答案當然是第二句。

梅伊博士說過：「愛是感受對方存在的一種喜悅，不僅要確信自我的價值和成長，也要確信對方的價值和成長。認定對方的價值和好意，並且感受到自己和對方

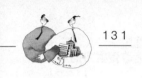

交往時的喜悅，便是『愛』的兩大元素。」

這番話似乎有些抽象，表現於言行卻很具體。在說出表示友好和關心對方的話語時，處處以對方爲重心，然後再表達自我的想法感受，將會使對方更感到歡欣、喜悅，並使愛情果實豐收。

有位作家雖然名譽不佳，但周旋於女人堆裡，仍然大受歡迎。他之所以能夠得到異性的衷心垂青，正在於熟悉女性的心理，進而加以操縱。

他經常反覆地使用下列語句：

「妳想要說些什麼？」

「我想到妳……」

「我認爲妳最合適的……」

「妳擔心的是……」

「記得上次和妳在一起時……」

這幾句話，總是隱隱地表示出「我一直在想妳」的意味，並帶有款款的情意，

濃濃的關切。

當然，此類說話的技巧的應用，不只限於男女之間。

瓦納梅是美國百貨業大亨，手下店員多到不知其數。他的過人之處，在於如經顧客舉發某名店員的態度惡劣，絕不會把人叫來痛罵一頓，而是溫和地說：「我想你一定不會做出這件事來的，這絕對是場誤會。」

不但如此，他還會問：「怎麼了？是不是家裡出了什麼事？」

面對關心，店員多會慚愧得掉下眼淚，連聲道歉。

這就是「關切」產生的力量。我們所要學習的，正是瓦納梅在言語中自然透露關心的說話技巧。

想要博得他人的喜歡，在談話的過程中卸除心理防備，一個重要的說話秘訣，就是儘量把對方當作「談話內容的主人翁」看待。

用「不」來剷除拒絕態度

對方不肯說話，表露出拒絕的態度，因為心裡充滿了「不」的反抗意識。想使他開口，首先就要剷除這個「不」字。

詩人紀伯倫曾說：「一個人的實質，不在於他向你顯露的一面，而在於他不能向你顯露的一面，因此，如果你想了解他，不要去聽他說出的話，而要去聽他沒說出的話。」

想要溝通順利，就必須把話說進心坎裡；想要把話說進對方的心坎裡，就必須先看穿對方潛藏的心思，用對方最喜歡聽的話語，先打破沉默，再準確無誤地傳達自己的意思。

與人相處過程中，如果能順利打破沉默，製造共同的話題，不啻在人際關係上注入一針強心劑。

那麼，該如何打破沉默？

心理專家在替人進行心理諮商和診斷之時，最令他們感到頭疼的事，莫過於病人拒絕合作。

這類人不僅一問三不知，甚至不理不睬，只是緊閉著嘴巴，兩眼傻傻瞪著一個方向，無論怎麼問，就是充耳不聞、毫無反應。

於是，有心理專家針對這種狀況，發明一種特效藥，就是猛然提出一個會令他提出反駁的問題。

身爲主管的人，碰上那些工作表現不佳、受到上司責罵的職員，不妨對他們說：「你在家裡，和太太、家人，一定處得不好！」

毫不客氣地從他的頭上澆下一盆冷水，他必會氣憤地反駁：「胡說！我和家人一向處得很好！」

人都有自尊心，即使他和家人處得不好，也不願意讓家醜外揚。

等到順利使他開口，再抓住這句話作爲把柄，追問：「那你爲什麼在辦公室裡和同事處不好呢？」

可想而知，他自然會滔滔不絕地說出一大堆理由，把心中的話全盤托出。

對方不肯說話，表露出拒絕的態度，因爲心裡充滿了「不」的反抗意識，想使他開口，首先就要剷除這個「不」字。

納德創辦世界上第一家人壽保險公司，手下知名經理人巴頓有一個極爲巧妙的交涉小技巧：「我每次和對方打交道，談話一開始，總要提出一個他必然會回答『不』的問題，接著追問他『為什麼』，如此一來，對方立刻落入陷阱中，順利打開話匣子。」

這正如得到一瓶芬芳醉人的香檳，必先使瓶塞「不」地一聲打開之後，才能眞正品嚐到美酒的醇郁。

以退為進，誘獵物掉進陷阱

「以退為進」原則能在不知不覺中迫使對方做出大幅度讓步，落進「禮遇」的陷阱中，吃虧上當。

人的心理不但複雜，且奧妙得不可思議。很多時候，如果自己搶先退讓，對方反而會表現得比你更客氣。

第二次大戰期間，產業界嚴重缺乏人力資源，因此零售業者想盡辦法從各方面減少送貨人手，有一家商店便巧妙利用了上述心理。

當顧客買下大批貨物後，店員會主動且客氣地詢問：「是否需要我們派專人將貨品送到府上？還是您自己順路帶回去？」

結果，大多數客人都表示願意自己將物品帶回家。短短兩年之內，那家商店的送貨量便減少了七十%左右。

由上述所舉例子，我們可以知道，當一個人潛意識裡的願望、要求完全如願以償，心中多半會產生輕微的罪惡感，願意稍做讓步，答應對方的請求，否定自己原本抱持的意圖。

這種策反心理，應用在職場管理中也同樣行得通。

某公司業務遽增，員工們已經連續加班好幾天，主管實在開不了口要求員工再加班了，但堆積如山的業務又非得完成不可。

此時，不妨改變口吻詢問：「今天實在太累了，我不知道是讓大家早點回家好呢？還是再加一天班好呢？」

採用這種說法，絕對比強硬地說：「今天再加班一天！」更爲巧妙。

使用商議性口吻說話，能夠降低對方的抗拒心理。

這是一種「以退爲進」原則，能在不知不覺中迫使他人做出大幅度讓步，落進「禮遇」的陷阱中，吃虧上當。

站在對方的角度，活用說話藝術

> 有些顧客確實無購買能力，有些卻是想進行討價還價，推銷員一定要仔細分析其真正原因，加以擊破！

在推銷過程中，推銷員往往會聽到顧客說出這樣的話：「哎呀！這東西價格太高了，我們買不起。」

如果此時推銷員回答「不會啦！這怎麼會貴呢？就它的性能來說算是便宜的啦」，或「您覺得價格太高是嗎？我們可以商量看看，或許您可向銀行貸款，或利用分期付款來購買」……等言辭，絕對是最不理想的應對方法。

一股勁地訴說「費用不高」的理由，也是不明智的應對。

這時候，應該以如下的言辭來說服對方：

「您說得不錯，一下子要您拿出這麼大一筆錢來，的確是沉重的負擔，但是您想想看，這種東西不是用一兩年就會壞的，只要使用方法正確，用個十年應該沒有問題。我們不要說十年，就以五年來算，則一年只要花一千兩百元，再除以十二個月，每月只需要一百元，換言之，每天只要三元而以。」

「老闆！您抽的是什麼牌子的香煙呢？這三元也不過是您每天抽一兩支煙的錢，算起來很便宜不是嗎？如果您冬天也繼續做生意的話，那麼，不到一年就賺回本錢，接下來就是純利了。」

先贊同對方的說法，再將費用化整爲零，讓顧客感覺其實商品的價格並不貴。破除了這項疑慮後，再提出產品的優點，自然水到渠成。

以下的說法，也可以適時運用：

「先生，你別想得太嚴重，一天只花兩元，就好像買糖果、玩具那樣，或是用你抽根煙、喝喝咖啡的心情來買這個商品就行了。您也知道，現在喝一杯咖啡要花

幾十元，假如稍微節省一下，就可買這商品了，一天只要花兩元。」

「花一點點的錢，就可以使你可愛的寶寶的腦細胞順利地發育，並且成爲聰明的孩子，以後考上好學校，非常值得啊！」

「假如您要到書店去找這種書，一定不知道應該買哪一本，才會對自己的孩子有幫助，所以買回家的都是一些普通書刊。您更應該選擇這本經過很多教育專家花費好幾年的功夫才編出的《學習百科事典》，這對您的孩子會有很大的幫助。」

「家庭教育好壞，可能會使孩子成爲一個天才，也可能變成一個壞孩子。普通書刊與有關教育方面的書籍的性質是不一樣的，您應該買由教育家經過研究而寫出來的好書，對於孩子們的身心成長以及課業方面才有幫助，您認爲呢？」

「請聽我說幾句話，反正半年後或者一年後總要買這本書，同樣是要買，那麼早一點買，對您的孩子而言更有利。相反的，如果以後絕對不買這種書，當然我就沒什麼話好說了。不過，如果今後一定要買，就請您早一點買，如此幫助必定更大、更明顯。」

有時，顧客之所以認爲某種產品太貴了，就是因爲對價格產生了疑慮，它表現在顧客以資金困難或沒錢爲理由而設置的推銷障礙，可能是「我想要一件，可我現在沒有那麼多錢」、「分期付款可以考慮」、「如果能再便宜一點，我就買……」等等。

這種異議有眞實和虛假之分，有的顧客確實無購買能力，有的在以此進行討價還價，還有一些以此爲藉口拒絕推銷。

遇到財力異議的障礙，推銷員一定要仔細分析眞正原因，加以擊破！不能因爲「沒錢」就一下子洩了氣，想著：「唉，沒錢，不用再費口舌，算了吧！」從而輕而易舉地放棄推銷。

看看下面的例子：

「不好意思，我們目前沒有錢，等我有錢再買。」

雖被拒絕，但這位推銷員看到女主人懷裡抱著一隻名貴的狗，計上心來。

「您養的這小狗眞可愛，一看就知道是很名貴的品種。」

「是呀！」

「您一定在牠身上花了不少錢和精力吧！」

「沒錯。」女主人開始眉飛色舞地向推銷員介紹自己為這條狗所投入的金錢和精力，且一臉得意。

「那當然，這不是一般階層能做到的，就像這化妝品，價錢比較貴，所以使用它的女士都是高收入、高社會地位的。」

一句話切入重點，說得女主人再也不能以沒錢爲藉口，反而非常高興地買下了一套化妝品。

商業上，進行說服的最終目的都在完成交易，但不能「強迫購買」，而要巧妙運用說話藝術，讓對方心甘情願成爲自己的客戶。

適時引用第三者的話

通常顧客對推銷員是排斥的，巧妙加入第三者的話，能夠增加可信度，使顧客心中感覺別人買了，那這項產品必定不差。

推銷時，巧妙地引用第三者的話，向顧客說出他人對自己商品的評價，會收到意想不到的效果。

談到正出售的一塊土地，你可以對顧客說：「前不久一個顧客也來此地看過，他覺得非常滿意，想蓋棟別墅。可惜後來他因資金周轉有問題而無法購買，我也爲他感到遺憾。」

這種方法效果非常好，但是，如果你說謊又被識破的話，那可就非常難堪了，所以應該儘量引用眞實的事情。

這一技巧的妙處，在於一般顧客對於推銷員的印象總不是那麼好，對於推銷這種售賣方式也多持懷疑的態度。如果你非常成功地引用了第三者的評價來遊說，顧客一定會感到安全感，消除對你的戒心，相信你做的商品介紹，認爲購買你的商品可以放心。

假如你爲一家公司推銷一種新式化妝品，而這家公司已經在電視上大做廣告，那麼你的推銷一定要由此開始。

你應該對顧客說：「這就是電視裡天天出現的那種最新樣式的化妝品，您一看就會認出來的。」然後立刻將樣品遞過去，她便不會有意識地來懷疑你了。

如果你認爲對方不是一個喜歡標新立異的人，可以接著告訴她：「我剛才已經賣了幾十瓶，他們都是看了電視廣告介紹才下決心買的。」

這樣，成交希望就更大了，因爲你一直都在「請」廣告和其他的購買者來爲自己背書，她自然不會產生懷疑。

如果你知道某個「大人物」曾盛讚或使用了你正在推銷的商品，那麼推銷會變得更加容易。毫無疑問，電影明星、體育明星等「大人物」一定比你更容易受到信賴，說服力當然強得多。

但這樣的好事，未必就落在你所推銷的商品上，這也不要緊。你如果能打聽到顧客的周圍，有一個值得信賴的人，曾經說過你的商品的好話，就應該不失時機地加以應用。

即便你引用一個顧客並不了解的人所說的話，也不一定就沒有效果。只要言之有理，對方仍然會加以考慮。

推銷過程中，一般只有兩者在對談，即推銷員和顧客，通常顧客對推銷員總是排斥的，這時若巧妙加入第三者的話，能夠增加可信度，使顧客心中感覺別人買了，那這項產品必定不差，同時也激起對方的購買慾，覺得既然別人有了，自己也要買。

死皮賴臉，說話充滿壓迫感

有的人臉部表情非常貧乏，反應並不太明顯。因此死皮賴臉的人，為確認自己講話的效果，常會一再重複使用「所以」二字。

在這個人心叵測的時代，人基於各種目的，難免會說一些假話謊話，因此，平時就要多一點慧眼，尤其在交際場合，更要懂活分辨對方說的是眞心話，或者只是場面話，甚至是騙人的謊話。

有些人在講話中，會一直不停使用「而且……」這兩個字。從心理學的觀點看，這是說話者企圖強迫對方接受其自我主張的絕對性心理行爲。

據說，在政治界中，以死皮賴臉馳名於世的日本前首相田中角榮，便有這種說話習慣。

本來使用「而且」這個連接詞的用意，是要強調後面的句子，使人留意接下來的話，可是胡亂使用的結果，反而使想強調的句子含糊不清，影響主題的明確性。講話的人不斷以「而且」強調言論的重心，想迫使對方完全瞭解自己的意圖，並留下深刻的印象，結果卻反而使說詞的重點模糊不清，實在是一件十分遺憾的事。

喜歡使用「而且」語句的人，多半是因爲不太瞭解對方，更對對方感到不信任，他們經常會想：「你眞的瞭解我的用意嗎？」由於這種不安的感覺，老是縈繞心頭，所以不知不覺的就會特別強調談話中的各個段落。

碰到這種類型的交談者，聽話的人大可不必直接糾正，只需明白地把「我懂！」這種訊息傳遞給他即可。比如，當他講話講到某一段落時，以深深的點頭，或者說：「喔！原來如此！」來回應。

與「而且」的強迫性質類似，上述類型的人經常使用的強迫性語言，還有「所以……」。

一般說來，我們對於透過「所以」這個字眼，企圖說服別人的說話者，開始大都還算樂意接受。

但是，如果說話者連續多次使用「所以」，則會引起聽者的反感。因爲，「所以」表示下結論的意思，若言詞中一再出現「所以」二字，會使聽者產生被壓迫的感覺。

只是，這類型的說話者大都對自己的缺點毫不留意，他們在探究對方反應時，在未獲得對方首肯之前，會不停重複著「所以」、「所以」……。有的人臉部表情非常貧乏，聽人講話時，反應並不太明顯。因此死皮賴臉的人，爲確認自己講話的效果，常會一再重複使用「所以」二字，也並非沒有道理。

使用這種詞句最好還是要有個限度比較好，而且最好是在不使對方厭煩的程度下，適當應用才能得到最好效果。

輯5.

換個說法，就可以改變對方的想法

引導想法的說話方法，
對於任何誤以為自己有許多毛病的人，
通常都相當適用，
可有效解除心理上的困境。

換個說法，就可以改變對方的想法

引導想法的說話方法，對於任何誤以為自己有許多毛病的人，通常都相當適用，可有效解除心理上的困境。

語言專家貝爾曾經寫道：「一句話往往再加上幾個字，就可以讓別人原本不想聽的話，變成別人願意聽的話。」

溝通其實沒什麼特別的秘訣，就看你是否懂得站在對方立場看問題，是否懂得站在對方角度說話，然後在話語之中改變對方的想法。

想要提昇自己的處世競爭力，說話辦事一定要講究策略和技巧；只要換個說法，你就會恍然發現，說服別人其實沒那麼困難。

換個說法，往往能改變對方原本的想法。

「我是……」這個口頭禪，可能隱伏著很多意外的陷阱，容易令人誤會這個人本身有很多缺點。

例如，如果你說：「我是個口吃的人。」別人就會認定你經常口吃。這個錯覺產生之後，包括你自己在內，每個人都在下意識裡肯定：這個人有口吃的毛病，在任何場合都會口吃。

日本口才專家齋藤津子，試圖矯正一位印尼僑生口吃以前，和他先做了兩小時的促膝長談。結束之前，她對他說：「你知道嗎？其實你並沒有口吃的毛病，根本用不著矯正。」

僑生聞言大感意外，一時之間不知做何反應，只愣愣地看著她。

「你只是在發破裂音和摩擦音之時比較不順暢，所以重複了幾次而已，那不能算是口吃！」

「但我真的是個有口吃毛病的人。」

「沒這種事，你真的多心了，只要在有空的時候多花點時間練習這兩種音，就可以改善了。」

這位年輕人非常高興，陰霾與煩惱全都拋到九霄雲外，逢人便說「我不是口吃者」，人生觀因而完全改變。

這案例點出一個事實，語言不是全能的，它並不能表達思想的全部，有時連完整的事實也難以勝任。

有些年輕朋友總是說：「我在陌生的環境裡就會臉紅。」

如果應用齋藤津子的方法，那麼可以試著告訴他：「你只是在遇到長輩或初次見面的陌生人時，才會由於惶恐不安而臉紅。」

他自己則應該改口這麼說：「有時我會臉紅……」

或者更詳細一點說：「在人多的地方或是跟長輩說話時，我會臉紅。」

這種引導想法的說話方法，對於任何誤以爲自己有許多毛病的人，通常都相當適用，可有效解除心理上的困境。

很多人圖用爭論的方式說服別人，事實上，這是不可能的事。

想以雄辯、說理使對方信服並不容易，尤其是以「自己的意見、對方的反對意見、自己的反對意見、對方的反對意見」模式進行爭論，更會加深彼此之間的對立僵持，並招致更多更有力的反駁。千萬記住，立場對立時不宜爭論。此時，只有把對方導引至第三者的立場，才能收到正向效果。

譬如，勸導一名不良少年，如果選擇直接和他爭論，態度立場針鋒相對，除了加深反感，不會有什麼作用，要是打罵他，將使狀況更糟。

此時，不妨提出另外一名不良少年說：「那個孩子太不像話了，天天惹他的父母傷心，你有機會勸勸他吧！」

這當然是虛晃一招，目的還是要他自己勸自己，即使被他看穿你的眞正意圖，也是激起良知的一種好方法。

眞正的獲勝者，是使對方能眞正採納自己意見的一方。

類似勸服不良少年的例子，不妨在實際生活中找機會應用，比起一味地加諸觀念或斥責，有技巧地說話方式將更具成效。

扭轉地位，撤除對方的防備

如果上位者能主動且不露痕跡地和下屬親近，便能突破兩者之間立場上的懸殊，一掃心理上的隔閡。

爲人上司，往往只要說一句聽來極平淡的話，就足以激起部屬們的雄心和興趣。相反的，也可能因一句帶命令式的言語，使員工們懶洋洋、無精打采。

「麻煩你做這件事，好不好！」

「你去做這件事！」

兩種不同的口吻，所產生的後果將截然不同。

一位職員升爲課長、主任、經理，或其他更高的職位以後，多半會在不知不覺當中改變自己說話的口吻，似乎不這樣便不足以表現自己的新身份。

事實上，如能捨棄語言具有的身份表徵功能，不做作、不驕矜，不僅會受到更多尊敬，同時將更容易領導部屬，使員工們投入工作。

某一年，美國田納西州州長選舉，有兄弟二人同時出馬角逐。

哥哥的親民工作非常到家，親吻孩童、攙扶老人，並且特地製作了許多日曆和扇子送給選民，大家都稱讚他是個充滿愛心的候選人。

弟弟則與他完全相反，沒有優雅的姿態和親民的舉動，卻有一個特殊習慣，在公眾場合演說時，總會先在口袋裡一陣掏摸，然後伸手向群眾說：「誰有香煙？請給我一支抽抽。」

想不到最後竟然是弟弟當選了，而且得到壓倒性的勝利。

原因何在？那是因爲選民們有了個錯覺：「他有求於我呢！」這位政治家經常忘了帶香煙，自己則有能力幫助他，因此贏得選民的熱烈支持。

社會地位越低下，心理上的自卑感也越濃厚。

如果上位者能主動且不露痕跡地和下屬親近，便能補償自卑的意識，很快地突破兩者之間立場上的懸殊，一掃心理上的隔閡。

因此，「官僚式」口吻往往見於惡化的群體關係當中，成了阻礙人際關係發展的障礙。持這種態度的上司，往往容易招來部屬的反抗，導致命令無法貫徹。唯有扭轉口吻，視對方爲與自己身份相同者，才能順利跨越上司和部屬之間那道看不見的鴻溝。

舉例來說，身爲上司，在要求部屬執行命令時，不妨這麼說：「不好意思，有件事拜託你。」

即使是經常唱反調的員工，遇到如此場面，多半都會欣然同意。

將對方濃濃的自卑感轉化爲優越意識，他的內心一定會自鳴得意，做起事來自然幹勁十足，這就是語言的效果。

「疑問句」的效力，更勝於命令

疑問句可以用來引導部屬們的判斷力，巧用疑問句能給予對方軟性衝擊，加強期望狀態，從而願意主動加速進行某件工作。

作家柯立芝曾經這麼說：「言語是人類心智的軍火庫，藏著以往的戰利品，更藏著征服未來的武器。」

想要說服別人按照自己的意思去做，嚴格講起來，一點都不困難，問題就在於，你是否讀懂對方的心思，是否站在對方的立場著想。

同樣一件事，用兩種不同的話語表達，最後的結果往往南轅北轍。

如果你可以在言談間看穿對方正在想什麼，便可以輕鬆地站在對方的角度說出他最能欣然接受的話。

日本天皇御用攝影師熊谷辰夫，說過一則有關皇妃美智子的故事，顯示出她相當懂得語言的心理戰，能巧妙運用「疑問式比命令式」原則。

有一天，熊谷辰夫奉命進宮替皇太子浩宮拍照，攝取彈琴的鏡頭。可是由於場地太小，浩宮彈得又快，再加上全是高音階，效果非常不好。

如果雙手能移向低音階彈奏，取景便會方便許多。

他為這件事大傷腦筋，卻又不便啟口，此時，美智子會意地說：「浩宮，你試著彈彈低音階，看看會不會更好聽？」

當皇太子將雙手移向低音鍵的那一剎那，熊谷辰夫把握了這難得的好機會，按下快門，成功拍出一張很具效果的照片。

美智子不用「彈低音」的命令口吻，而改用疑問的語氣，證明了她是一位精通兒童心理學的皇妃，能用最富技巧的方式說話。

心理學家普遍認爲，希望孩子們聽話，採用對話的方式，效果往往不會太顯著；如改用命令口氣，雖然能夠達到預期的效果，但因強制性太重，常會使孩子們失去自發自動精神，因此採用疑問句是最佳選擇。

這種情形，當然不僅限於孩子，在工作中，疑問句更可以用來引導部屬們的判斷力，促使奮發振作。

「如果選擇這麼做，結果會如何呢？」巧用疑問能給予對方軟性衝擊，加強期望狀態，從而願意主動加速進行某件工作。

當然，想要利用這種方法，必須以了解對方個性和當時的心理狀態爲前提，否則將可能適得其反。

肯定是最有力的激勵

激發別人的幹勁，不應全憑自己的判斷，而是要把對方抬高，在他已有的實力上添磚增瓦，以締造更高的成就。

日本游泳女將前田秀子在奪得貝魯林世運會冠軍之前，曾以十八歲的年齡參加於洛杉磯舉行的前一屆世運會，以〇．一秒之差敗給澳大利亞選手，只奪得銀牌與金牌擦身而過。

在慶功宴上，當時的東京市長永田秀次郎問她：「第一次參賽便拿到銀牌，一定很高興吧？」

「對，我很高興，做夢也沒想到自己會拿到銀牌，更沒想到還刷新了全國紀錄。」她笑著回答。

「我還爲妳可惜呢！只差〇．一秒。妳縮短了全國紀錄有六秒之多，如果能縮短至七秒的話，金牌不就是妳的了嗎？再試試看，再努力四年吧！下一次說不定能拿到冠軍！」

事實上，前田秀子本來打算就此悄然從泳壇引退，可是東京市長的這番話打動了她的心，助她下定決心向〇．一秒挑戰。

果然不負日本國民的期望，她在四年後的貝魯林世運會裡奪得冠軍。

激發別人的幹勁，不應全憑自己的判斷，而是要把對方抬得更高一點，在他已有的實力上添磚增瓦，以締造更高的成就。

永田秀次郎市長當然知道縮短〇．一秒是何等困難艱鉅，但因善用肯定句，前田秀子聽了，又豈能表示「我無法再快」？除了勤練四年，接受別人賦予的信心，硬起頭皮再次挑戰，實在別無他途。這就是肯定性言語的力量！

以自責代替斥責

責人時引出自責，往往會收到更佳的效果。同時也要注意切莫帶有諷刺意味，否則只會帶來反效果。

錯誤或衝突造成以後，與其譴責對方，不如以自責的態度來處理事情，更容易讓對方自我反省。

日本名評論家丸岡秀子曾在雜誌上發表過《連繫內心的話》一文，其中有如下一段，值得再三玩味：

丸岡小時候，在學校裡做錯了一件事，被級任老師狠狠地責罵了一頓，末尾還加了一句：「唉！我恐怕教不了這個孩子！」

這件事一直讓她記憶到今日，造成非常深遠的影響。

那位教師把過錯歸咎在自己的「能力」不足，所以對丸岡秀子產生了一輩子的影響。日後她在教訓自己的子女、學生時，總是自責似地說：「我不能把你們教成這樣的孩子哪！」

用自責代替斥責，往往會收到更佳的效果。

這種自責方式，可以廣泛地用在人際關係上。

妻子不希望丈夫喝酒，與其叨嘮不休，大可以說：「我實在不希望讓自己的丈夫成爲酒鬼。」

對於工作不力的部屬，主管也可以對他們說：「一定是我指導無方，要不然你們怎麼會這樣！」

這種方式可讓人自我反省，但同時也要注意切莫帶有諷刺意味，否則只會使狀況惡化，帶來反效果。

活用數字，就能增加可信度

「語言的尾數」本身就是最善、最美、最真的廣告。儘量不要以整數概略言之，將能提高真實感，接收者才有考慮與注意的可能。

由數字產生的效應，稱爲「感光效果」。

「感光效果」因人而異，先了解對方信賴什麼，然後運用你們的言談之中，就能活用說話術，把話說進對方的心坎裡。

在日本，有位藥房老闆到太陽銀行請求貸款，申請單上塡了「九十一萬元」。經理土田正男是企業調查的行家，立刻注意到一萬元的尾數。

他問：「這位老闆，爲什麼不貸款一百萬或九十萬元呢？」

「只要九十一萬就好。九十萬不夠，一百萬多了點，貸款過多需要負擔不必要的利息。這個數目銀行不會不方便吧？」

「不會！不會！」就因爲這「一」萬元的尾數，取得了銀行的信任，經理立刻蓋上「照准」的大印。

比起整數的九十萬或是一百萬，多了個尾數的九十「一」，正是增強他人信任度的關鍵技巧。

風行歐美的象牙香皂以「九十九．四四%純度」做廣告，不附和同類產品的「絕對純度」，小心且謹慎地誇張自己，卻增加更多的眞實性。

對於小數點，人們一向不重視它的價值，但在數字後面添加尾數，如上述的九十九．「四四」，卻能給人一定經過嚴密科學分析與檢驗的錯覺。

大衆傳播媒體專家普亞斯汀說：「製造印象和錯覺的首要條件，要能『以假亂真』，讓每個人都以為是『真』的。最大要訣，是著眼於使『對方容易相信』的觀點著手。」

「語言的尾數」本身就是最善、最美、最眞的廣告。儘量不要以整數概略言之，將能提高眞實感，接收者才有考慮與注意的可能，否則，無論辭藻再美、語氣再誇大，都難以達到預期的目的。

利用數字確實能夠增加可信度，有許多人就相當信任數字情報。

英國政治學家迪斯萊利曾有一句名言：「謊言分為三種，單純謊言，令人討厭的謊言，以及統計數字。」

在謊言中加上統計數字，能有效提高可信度，使對方深信不疑。有許多人在公眾演說當中，爲了不使聽眾對於演講內容感到懷疑，會像眞有那麼一回事一樣，列舉一連串數字作爲補充說明。

果然不出所料，原本昏昏欲睡的聽眾都不再打瞌睡，而且聽得入神。

因此，若在爭論中也插入幾個有事實根據的統計數字，一定會提高說服力。

連續暗示有助於激勵鬥志

暗示的作用在於策動對方接受不知不覺當中的潛移默化，目的是為了影響心理，使學會自動自發，而非聽命於人。

「暗示」往往只需一兩句話，但效果不小。

日本作家柏原兵三先生，曾得過芥川龍之介文學獎，年僅三十八歲便在文壇上享有盛名。據說，每當他陷入寫作低潮時，總愛在夜深人靜的時候打開住家三樓的窗戶，向天空大喊三聲：「我是天才！我是天才！我是天才！」

這絕對不是他終於被壓力逼瘋了，而是一種具有鼓勵作用的「自我暗示法」，若是運用於他人身上，便是「他人暗示法」。

「他人暗示」分爲兩種，一種是直接暗示，一種是間接暗示。不論是促使對方直接了解，或感覺於無形的間接了解，暗示的目的都是爲了策動對方，接受不知不覺當中的潛移默化，目的則在影響心理，使他學會自動自發，而非聽命於人。

在早期，市面上出售的教學錄音帶經常有這類暗示的短語出現，例如一卷練習英語的錄音帶，中間會出現這麼幾句話：「我今年剛考上大學，只花了兩個月時間，便完全領會這錄音帶所說的內容。」

「我只花了兩個月時間」，這是句平淡、簡短的句子，出現在每一課文章的開頭，這卷錄音帶恰巧有二十課，所以這句「只花了兩個月時間」，就要聽上足足二十遍。一開始，聽的人也許並不以爲然，甚至可能感到非常厭惡，但是聽久了之後，就會漸漸產生「你兩個月學得會，我當然也能」的念頭，無形中便觸發了一股好強、向上努力的決心。

活用「暗示」，會在不知不覺中激發了鬥志。

遇到陷於低潮的部屬、學生、後輩時，不妨嘗試這種方法。最重要的秘訣就是反覆使用，必須使得對方對自己產生信心，能自動自發去向問題挑戰。

說服的關鍵，在於口才表現

適度的自我宣傳與推銷，輔以具緩和作用的幽默感，使一切在親切融洽氣氛中進行，是達成交易的最理想情境。

有時候，顧客其實很想買你的產品，但不知道這個決定對不對、好不好，因此提出各種問題，或自己站在反方說出各種不想買的藉口，等著你給他信心，說服他購買。

顧名思義，凡是「說服」行動，必定跟語言脫不了關係。事實也確實如此，我們可以說，說服的關鍵正在於口才表現。

● 怎樣發揮「攻心」效應

一家銷售名貴珠寶的銀樓，一早開門不久，便走進一對華僑夫婦。夫人看中了一只相當華美的鑽石戒指，從女店員手中接過之後看了又看，顯然是愛不釋手。但當她看清標價後，便搖了搖頭，顯現出為難的樣子。

夫人說：「好是好，就是……」

女店員一聽，心下會意，馬上接口：「夫人，您真有眼光，這戒指確實漂亮，但相對的價格也高。上個月，市長夫人來到店裡，也同樣看上了它，非常喜歡，但因為價錢問題，終究是沒有買下。」

這時，那始終沉默的先生開口了：「小姐，真有這樣的事情嗎？連市長夫人都喜歡這個戒指？」

女店員當即點了點頭，只見先生考慮了一下，說：「小姐，請開發票，我要買下這個戒指。」於是，這枚放在店裡兩年始終未能售出、價格昂貴得驚人的鑽石戒指，終於順利成交。

這個例子之所以成功，訣竅正在於巧妙運用了語言的「攻心」效應，以堂堂市長夫人也未能買下的消息爲「誘餌」，激發那名華僑先生「求名」的心理慾望，達成交易。

●進行自我宣傳與自我推銷

人們在自我誇耀時，總多少感到左右爲難，希望表現自己，讓別人賞識，同時又害怕被別人認爲自誇自大，一點不懂得謙虛。

在東方社會，長久以來的道德標準認定謙讓是美德，可隨著時代變遷，社會競爭日趨激烈，「自我推銷」顯得越來越重要。

學會適度自誇是相當重要的才能，而在進行自我誇耀時，首要就是表現幽默感，務求讓別人在笑聲中接受。

自誇並不可恥，而是一種宣傳，畢竟廣告是所有商業行爲的基礎。但是，如果採用過分或低俗的方式自我炫耀，就會招致反感。因此，自我宣傳和自我誇耀首先應具有適度的幽默感，並保持在適當程度。

例如，日本的「丸牛百貨公司」，有一句相當幽默的廣告語：「除了愛人，什麼東西都賣給你。」

●說服顧客是盈利的關鍵

不管在哪一行業，說服客人的能力都是非常重要的經營之道。以下是幾則小笑話，開懷之餘，也請你細細品味對話中的奧妙：

有位為自己身後事著想的老人，來到一家葬儀社，打算預購棺材。店主一聽，很熱心地向他介紹各種價格不同的棺材。

聽了半天之後，老人忍不住詢問店主：「請問一下，三十萬元的和兩萬元的，究竟有什麼不同？」

「不同可大了！最明顯來說，三十萬元的棺材設計比較符合人體工學，內部有足夠的空間，可以讓你的手腳充分伸展。」

另一則笑話則與生髮水相關，是這樣說的：

一名客人聽了老闆大力介紹的某種強效生髮水後，疑惑地問道：「這……真的有效嗎？」

「當然啦！我的顧客當中，甚至有人連續用了五年啊！」

也有另一種版本，面對同樣的質問，老闆如此回答：「那當然啦！不過這種藥在使用上稍微有點麻煩，就是必須要用棉花棒擦抹。那些以前用手直接沾著擦的客人，事後都抱怨連連，說雙手都長了毛，簡直跟猴子沒兩樣。」

推銷的最大忌諱，就是激怒客人，因此可說幽默感是必備「武器」。適度可信的自我宣傳與推銷，輔以具備緩和作用的幽默感，使一切在親切融洽的氣氛中進行，是達成交易的最理想情境。

與反對的聲音達成共識

面對顧客的反對意見，要保持冷靜對待。應當態度自若，避免和顧客爭吵，進而靈活運用方法來解決問題。

反對意見是顧客對推銷人員及推銷的產品、推銷行爲的必然反應。常言道「嫌貨才是買貨人」，從這個意義講，反對意見不是推銷的障礙，而是顧客對商品感興趣，即將成交的信號。

因此，推銷行家認爲，只有當顧客提出意見時，才是推銷工作的開始。要認識到顧客提出反對意見是正常現象，正確對待反對意見，認識反對意見的實際意義，甚至主動要求並歡迎顧客直接提出。

從推銷心理講，顧客的購買決定既受理智的控制，也受情感的控制，推銷人員與顧客爭吵絕對會傷害感情，即使推銷人員取得了爭吵的勝利，也失去了成交的機會，並不值得。

你應研究顧客的心理狀態，講究說服藝術，不要讓顧客難堪，遇到狀況，可以委婉地說：「我知道自己還沒有完全解釋清楚……」或者說：「對不起，我使你產生了誤解。」以此來化解當前的矛盾。

此外，應尊重顧客的觀點，即便自己認爲是錯誤的，或者根本不同意，也要認眞聽取，讓顧客暢所欲言。

這樣做有利於保持友好的氣氛，並減輕顧客的心理壓力。

如果顧客不需要你說出個人的看法，或者根本不把你當成行家徵求意見，就要儘量不提出自己的個人看法，不要說：「如果我是你，我就……」或者：「我自己就使用過……」這樣的話語，在內行的顧客看來，既缺乏說服力，又不夠眞誠。

處理顧客異議時，推銷員常用的語言技巧有以下幾種：

•做好準備

在與顧客面談之前做好充分準備，事先對顧客可能提出異議的地方做詳盡的闡釋，以克服反對意見。使用此方法應注意不要使用一些刺耳的詞句，以免引起顧客的反感。

把推銷要點分成許多部分，然後用提問的方式提出，在提出推銷要點之後，要檢查一下顧客是否接受。

很可能有你認爲正確的建議，而顧客卻認爲是難以理解的情況，所以要謹愼引導顧客按照你的方法看問題。

經驗證明，做好上述幾點後，在與顧客面談時，可以大大減少顧客的反對意見，使氣氛和諧。

•不直接反駁顧客

這種方法的談話形式是「對，但是……」，它是根據有關事實和理由來間接否定顧客意見的處理技巧。

使用此法的優點是不直接反駁，而間接否定顧客意見，一般不會導致冒犯，有利於保持良好面談氣氛。同時也爲談話留下一定餘地，有利於根據顧客的意見，提出具體的處理辦法。

例如顧客說：「我不喜歡這樣式，太難看了！」根據觀察分析，這意見的根源是顧客的個人偏好，對於這種敏感的問題，不宜直接加以反駁，而應委婉地伺機處理。

你可以說：「先生，您的看法有一定道理，但是您是否也認爲這種式樣具有新的特色……」

這種方式是承認顧客的意見，先退後進，繼續進行銷售面談和示範，間接否定顧客的反對意見，卻不至於傷人。

● **善加利用顧客的意見**

這是利用顧客反對意見，適當提取利於推銷的那一面，作爲洽談的起點，展開說服和示範的方法。

顧客的反對意見同時具有雙重性，既有阻礙成交的可能，又有促成交易的希望。推銷人員應利用顧客意見的矛盾性，發揮積極因素，克服消極因素，有效地促成交易。這種方法既不迴避顧客的意見，又可以透過改變有關意見的性質和作用，把顧客拒絕購買的理由轉化爲說服購買的理由，還可以營造良好的洽談氣氛，有利於完善處理意見。

例如，顧客說：「又漲價了，買不起。」

經過分析，意見的來源主要是偏見和物價上漲，於是，推銷人員說：「這商品是漲價了，而且還會繼續上漲，現在不買，將來恐怕眞的買不起了。」

這就是一個明顯的範例，把拒絕購買商品的理由轉化，搖身一變爲說服顧客購買的理由。

• 利用產品優點

某些時候，顧客的反對意見確有道理，採取否認的態度是不明智的做法。推銷人員應承認顧客是正確的，然後利用產品的優點來補償和抵消這些缺點。使用產品優點的方法來處理反對意見，可以使顧客達到一定程度的心理平衡，有利於排除成交障礙，促成交易。

例如，顧客說：「我要買一部帶耳機的收音機，可是你這種是不帶耳機的，我不要！」

推銷人員便可說：「這種收音機是不帶耳機，但是要買帶耳機的就要多花一些錢，其實耳機用的時間也不多，您何必花這些錢呢？再說這種收音機已經裝有插孔，萬一要用，您可以買一副更好的呢！」

●迴避法

顧客主觀的反對意見是難以消除的，因此，對於過於主觀的反對意見，只要不直接影響成交，推銷人員最好不回答，更不要反駁，迴避處之。推銷經驗告訴我們，有相當多的反對意見，是可以置之不理的。

例如，顧客說：「你是某某公司的推銷員？那個鬼地方眞不方便。」

這一個與成交無關的意見，不影響交易，因此推銷員不予理睬，便說：「先

生，請你先看看產品……」跳過與成交無關的意見，繼續進行面談。

「這東西太貴了！」

一位顧客提出了反對意見，推銷人員認爲這意見出於偏見，決定置之不理。於是，他繼續說道：「先生，關於價格問題，現在我們暫且不談，還是請您先看看產品吧！」

推銷人員不理睬顧客提出的「太貴」意見，繼續談產品，當顧客眞正理解了產品的用途和特點後，先前所謂的「價格太貴」的意見也就不復存在了。

面對顧客的反對意見，要保持冷靜對待。如果處理不冷靜，口氣不當，就會引起顧客的反感。

因此，遇到顧客持有反對意見時，應當態度自若，避免和顧客爭吵，進而靈活運用方法來解決問題，達成交易。

輯6.

懂得說話，就不會尷尬

在任何場合開口說話時，一定要三思而後言。
古人常說的「禍從口出」，
就是因為不考慮清楚就隨意開口，
為自己惹來了麻煩。

聰明打開話題，發揮言語效益

故意發個讓對方容易接的球，他一高興，當然樂於還擊，話題會自然地圍繞著興趣轉，讓他談笑風生，起勁地暢談不休。

與人交談就如同打桌球，必須迅速靈敏地將球抽回，一方面維持與對方的連續還擊，一方面藉著那小小的乒乓球，溝通彼此的心靈。同時，選擇一個適當的機會，攻殺對方。

如果操之過急，一味地想擊敗對手，勢必會先嚐到敗績。

最容易維持交談的話題，莫過於針對對方的興趣出發。例如，如果你知道對方擅長打乒乓球，那麼在會面寒暄之後，就要立刻提出。

「聽說您是一位乒乓球高手？」

這正如同桌球運動中的發球，故意發個讓對方容易接的球，他一高興，當然樂於還擊，話題會自然地圍繞著興趣轉，讓他談笑風生，起勁地暢談不休。

這可稱之爲談話的「情感發酵」，或者「談話的發球」。

被商界譽為「銷售權威」的霍依拉先生，便十分擅長「談話的發球」。

有一次，他為了替報社爭取廣告刊登，親自到梅伊百貨公司拜訪總經理梅伊。相互寒暄介紹以後，霍依拉不經意地加上一句：「您在哪兒學會駕駛飛機的？」想不到這句話真靈驗，正好搔著梅伊的癢處，觸發了他的談興，於是便主動邀請霍依拉在週末時搭乘他的自用飛機。

可想而知，有好的開始，這樁大生意自然有了著落。

這位銷售權威何以知道梅伊總經理會駕駛飛機？當然是因為在上門拜訪之前，早已先做過調查。

霍依拉心想：「如果我是一天到晚都忙著做生意的總經理，聽見有人還繼續談商場上的那一套，一定感到心煩。我得換個方法，另闢蹊徑。」就憑著這一招，他成功創下了廣告招攬額的最佳紀錄。

如果事先調查不出對方的興趣，該怎麼辦？沒關係，只要問他：「您在閒暇的時候，都做哪些消遣呢？」以此切入，同樣可以套出對方的嗜好。

不過，要採用這項策略，你本身需要具備一項條件，那就是興趣、愛好廣泛且普遍，不論談些什麼都能應答如流，如此一來雙方才可能聊得投機，各項要求自然而然地能夠順利被達成。

當然，想要把話說得更巧妙，是一門博大精深的心理學，掌握對方的興趣嗜好和心理狀態只是其中的要點之一，必須以更多說話技巧輔助。

貝爾就曾經說過：「一句話往往再加上幾個字，就可以讓別人原本不想聽的話，變成別人願意聽的話。」

的確，有時候一句話往往加上幾個裝飾字之後，就可以更巧妙地傳達自己原本想要表達的意思。譬如，當你想指出別人的錯誤的時候，如果試著話在語之前加上「以下我準備說的話，完全對事不對人」，那麼，相信別人就比較能夠虛心地接受你的指正。

口才可以說是現代社會必備的競爭資本，「把話說得更巧妙，把意見滲透到別人心裡」，更是商業社會的成功之道，唯有具備良好的說話能力，才能在劇烈的競爭中遊刃有餘。

細心研讀說話的各種技巧，掌握對方的心思後加以靈活應用，會使你更迅速擄獲人心，也更順利達成自己的目的。

懂得說話，就不會尷尬

在任何場合開口說話時，一定要三思而後言。古人常說的「禍從口出」，就是因為不考慮清楚就隨意開口，為自己惹來了麻煩。

作家貝佐茲曾說：「成功者和失敗者最大的不同就在於，成功者懂得如何把難說的話說成好聽的話。」

的確，當你跟別人溝通之時，要把難以開口向別人說的話，或是不怎麼好說的話，說成別人想聽的「好話」，確實是一門高深的溝通藝術，重點就在於你是否懂得用別人喜歡的方式包裝那些話。只要你能依照這個原則，再怎麼難說的話，就都能變成一句句動聽的「好話」。

在人際交往的場合中，有些狀況會令對方相當尷尬、難堪，甚至因此惱羞成怒。會造成這種情況，多半是說者不考慮時間、地點，說出不合場合的話語，結果即便說者是好意，也會惹得對方不愉快。像不合時宜的安慰話語就是如此。

例如，辦公室裡有位女同事談戀愛受挫，好不容易鼓起勇氣向對方告白卻被拒絕，心裡相當傷心難過。

她的性格內向又不善言談，也就沒有向他人袒露內心的秘密。公司裡一個與她很要好的同事見她愁眉不展，在得知原因後，就當著眾人的面安慰她說：「那個人有什麼好？憑妳的條件，一定可以找到更好的！」

可是，話還未說完，那名失戀的女同事就跑出辦公室了。這時，她才發覺在這樣的場合中，這樣的安慰話有些不妥當，可是對方已受到傷害了。

幾句安慰話倒成了彼此間尷尬的原因，由此可見，即使說安慰話也要考慮對方的性格，更要考慮時間和場合的問題。

對性格內向的人，不宜在眾人面前直接給予安慰，尤其是涉及別人的隱私時，更不宜在公開場合安慰對方，以免「走漏風聲」。總而言之，在說安慰話時，還得隨不同對象而有不同的應對方式。

另外，有一些人在說話時，總是直來直往，易惹人生氣、把事情搞砸，這是因爲這類人缺乏場合意識的關係。

他們對人很誠實，談論事情時往往只從個人主觀感覺出發，以爲只要有話就應該說，心裡有什麼嘴上就說什麼，不管什麼時間、地點、場合都是如此，結果常常冒犯了人，自己還不知道問題出在哪裡。

例如，有兩個老工人平時愛開玩笑。若有幾天沒有見到彼此，一見面就會說：「你還沒死呀？」通常對方也不計較，只回說：「我等著你送花圈呢！」兩個人相對哈哈一笑了事。

後來甲工人因重病住院，乙工人去醫院探望他。結果一見面就說：「你還沒有死呀？」這一次，甲工人馬上就發火了，生氣地說：「你滾出去！」

這是因爲對方正生病住院，心理壓力很大，結果乙工人又對著憂心忡忡的病人說「死」，對方怎能不反感、惱怒？

就算乙工人沒有惡意，只是想逗對方開心，只可惜他缺乏場合意識，開玩笑弄錯了地方，才使得對方不愉快。

不論在任何場合，開口說話時，一定要三思而後言。古人常說「禍從口出」，就是因爲不考慮清楚就隨意開口，爲自己惹來了麻煩。尤其在商場上活動的人，每天見面的人更多，彼此間的利益關係又複雜，更要有場合意識，養成「三思後言」的好習慣。

人際關係傑夫曾經在他的著作中如此寫道：「想要說好難說的話，嚴格講起來，一點都不困難，問題就在於，你是否懂得先站在別人的立場著想，再來說那些難說的話。」

如何說話是一門高身的學問，但只要你懂得在開口向別人說難說的話之前，先站在對方的立場設想，那麼，接下來不論從你口中說出再如何難堪的話，聽在對方的耳朵，也就比較不會那麼刺耳。

以平常心對待，談話就不會失敗

在與名人來往時，對待他們就要像對待平常人一樣。只要有了這種正確的觀念，自然就不會恐懼慌張。

與名人說話時，不要有害羞畏怯的心情，只要能眞正表達出內心的意思，就能與任何名人開口說話。

有些人對名人只會一味地附和、奉承，這樣是不會令對方愉快的。其實，只要語氣誠懇，措辭和說話態度都得體合禮，他就會對你留下良好的印象。

要把名人視爲一位有血有肉的人來對待，對他提出一些能夠表達感情的問題，但不要把他視爲超人。他像任何人一樣，敵不過疲倦，也擋不住傷害，甚至可能比你更脆弱，而且與你一樣害羞。不要認爲名人眞的就如藉以出名的職業或形象一

樣，事實上，雖然許多名人向公衆傳遞出信心、睿智、仁慈、滑稽或性感等形象，但那往往是裝扮出來的。

當你同時應付兩位名流時，不要只顧著你所敬仰的那一位，而置另一位於不顧，這會使他們兩位都不自在。此外，如果你想持續和他們交談，那你必須保證話題是他們二位都能參與的。

在這類交際場合中，即便你對某一位名人並不熟悉，而且在經過介紹之後仍想不起任何與他有關的事蹟，你也不能對他有所怠慢。必須一視同仁，對所有名流表達出同樣的熱情和友善。

不喜歡說話的名流，包括外貌滑稽而似乎容易親近的喜劇演員在內，他們在舞台上已經笑到了極限，因此在眞實生活中，往往再也無法發揮幽默了。

作家、詩人、畫家、音樂家等等從事創作性工作的人，雖不大喜歡說話，但這些人往往對政治乃至於宗教各種方面都有廣泛的興趣。他們在社交場合中也許不太活躍，但多有啓發人們思想的獨到想法。

因此，想和這些人談話必須有耐心，不要輕易動怒，也不要太熱情，保持溫和、冷靜和體貼的態度。

名人們也有自己私人的嗜好。比如有的名流很關心學校教育，他們可能有些百年樹人的改革大計；還有的名人會利用業餘時間鑽研某一人物。若事先知道這些消息，可以預先做點談話內容的準備。如果對方是位知名度很高的名人，那麼，你可以向有關方面的人多加打聽。

名氣普通的名人總是生活在情緒不穩定的狀態中。內在的恐懼，使他們特別脆弱敏感，別人稍有怠慢就會激怒他們，他們也容易顯得傲慢。然而，他們絕對需要你的尊重和順從，而且名氣越小，對於親切、尊重的需要也就越大。

對待褪色、過氣的名人時，最好採取迂迴戰術接近他，彼此間的開場白應當是積極的，儘量避免消極的開場白，例如「你最近空閒下來是怎麼打發時間的呀？」或「很久沒有見到你在公眾場合露面了，你去哪啦？」或「這麼久沒有在舞台上露面，會不會覺得無聊呢？」

這些話等於當頭潑他一盆冷水，也可以預見接下來的談話不會多愉快了。

在多數情形下，與名人談孩子是不會錯的。你可以問對方有幾個孩子？多大了？孩子讀的學校好不好？教學方式如何？如果你也當了爸爸或媽媽，那麼，你就更具備和他們談論孩子的資格。

但是，對於這類話題還是要多加小心，不要將話題扯得太遠，不要顯得在挖掘對方隱私，要適可而止。

在與名人來往時，最重要的就是不要忽略了他們也是人這一點，對待他們就要像對待平常人一樣。他們也有歡樂、有悲傷、有缺點、有怨恨、有驚恐，是和平常人一樣有感情的，並不因爲有了地位就不再是人。只要有了這種正確的觀念，那在與大人物打交道時，自然就不會恐懼慌張了。

善用談話技巧獲取他人好感

若能把握各種談話方式，在各種交際應酬場合適當地運用，會讓口才更加出眾，也能加深他人對自己的好感。

身處商場中，就免不了各種交際應酬的場合，尤其是身爲領導者的人，面對這類場合的機會更是多。

應酬的對象可能是客戶，可能是一同合作的廠商，也可能是自家公司的同事或上司，但不論對象是誰，這些人對你在事業上的成功與否，都有一定的影響力。也許能因此拉到一個大客戶，也許能藉此加強合作夥伴對自己的好感，甚至可能因而得到升遷的機會。

因此，應酬的技巧是成功人士必有的一項技能。

成功的應酬技巧，是指在各種場合中都能應付自如，其中最重要的就是談話的技巧。若能把握各種談話方式，在各種交際應酬場合適當地運用，會讓口才更加出色，也能加深他人對自己的好感。

以下列出幾種常見的談話方式：

一、傾吐式

這是最強烈的情感和思想交流方式，它是以說話者對聽者的強人信賴為基礎，將自己的喜、怒、哀、樂以及種種打算與計劃全部告訴對方，讓對方幫忙評判這些想法。

在這種談話方式中，自己擁有說話的主動權，對方多半是被動地反應，他或許會受到激勵而奮發進取，或許能得到教導而悔過自新，或許會因此敞開心扉，伸出熱情的友誼之手。

二、靜聽式

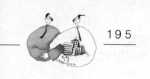

與傾吐式相反，靜聽式是在被動中贏得主動，特別是在把握不了對方思路的時候，靜聽的方式能幫助自己爭取時間、理清頭緒。

靜聽不代表就是靜止不動，而是要隨著對方的情緒與談話內容，或點頭、或微笑、或做個手勢與面部表情表達自己的想法，並引起對方的注意，以引導談話的方向，對方也可以在這些簡單的示意中得到安慰或力量。

三、判別式

在交談中，抓住對方談話的空隙，恰如其分地插話，以表達自己的看法，這有益於促進思想與情感的交流。

值得注意的是，評判要適時、適度，如果粗暴地打斷對方談話或不負責任地妄加評論，只會損害自己的形象，造成往後交流上的障礙。

四、啟迪式

談話對象有伶牙俐齒和沉默寡言之分，因而交談方式也應有所區別。

若談話對象拙於言詞，就要循循善誘，多方面進行啓發，好讓對方吐露心聲。交談時，一定要注意用詞造句的柔和與婉轉，或抛磚引玉、或旁敲側擊，切不可急躁從事、大放厥辭。

五、靈活式

在非正式的場合中，主題單一的談話是很少見的，多半是一些人聚在一起閒聊，沒有固定的題目和目的。鑑於這種情況，談話時要注意話題的轉換，並且透過不斷地變換話題，找出大家都感興趣的話題來談。在這類型談話中，千萬不可不顧他人興趣，只談自已有興趣的話題。

六、間休式

就像中篇小說要分章節一樣，耗費較長時間的談話也要注意間歇休息，因爲體力上的疲憊往往會導致思維混亂，精力充沛則有助於談話的成功。所以在較長時間的會談中，要有適度的休息。

但是在間歇時，不要使氣氛變得尷尬或難堪，可以一同看看報刊、聽聽音樂、下下棋，這都能保持原有的融洽氣氛。

七、加強式

這是對判別式談話的補充。交談時，雙方可能都會說出一些不太成熟的想法，有不少人對此漠然看待，這實在不是正確的態度，因爲有一些新奇獨到的主意可能因此被埋沒。

正確的做法應該是，密切注意對方提出的新觀點，同時多動動自己的腦筋，共同進行一番創造性思考。透過彼此交換意見的方式，使對方的觀點更加成熟、更加完善，從而使雙方都能受益。

善用「公關」打造良好形象

公關語言除了要優美生動，還必須傾注真摯而充沛的感情。只有心中裝滿誠摯的感情，說出來的話語才可能感動人心。

所謂「公關」，就是指與形形色色的人打交道。最重要的，就是要透過種種方式、手段，加強自己在公眾面前的良好形象，因此，「公關技巧」可說是每位領導人不得不研究的一項學問。

一般而言，公關語言的藝術性主要體現在以下六個方面：

一、幽默的力量

幽默是一種藝術，可以用來增進自己與他人、組織和公眾之間的關係。使人從令人發窘的問題中或尷尬的時刻裡脫身，化陰暗爲光明、化干戈爲玉帛。

據說，某位企業領導人到香港創辦新公司之時，由於他的投資行爲受到各方重視，因此一下飛機就有大批記者要採訪他。其中一位香港記者毫不客氣地問：「你這次帶了多少錢來？」

這名領導人一見發問者是位女士，便答道：「對女士不能問歲數，對男士不能問錢數。小姐，妳說對嗎？」

一句話即迴避了問題，又具有幽默感。比起支支吾吾地掩飾，或是擺起架子、板起臉孔地拒絕回答問題，這種善用幽默的回答方式不知強了多少倍。

二、豐富的辭彙

公關語言要運用準確生動、富有表現力的辭彙，這樣可以激發公眾的熱情、喚起公眾的想像，並得到公眾的信賴。

因此，公關人員必須掌握大量的辭彙，善於運用同義詞、近義詞的轉換，能嫻熟地運用專業詞語、成語、俗話。當然，這些知識要靠平時廣爲蒐集、認眞儲存，這樣到了需要運用詞彙時，這些知識就會源源不斷地湧入腦中，信手拈來、隨意脫口而出，就能增加語言的風采。

三、形象的修辭

公關人員還必須熟練地掌握和運用各種修辭手法，以增強語言的具體概念。貼切的比喻能啟發別人的聯想與想像；適宜的設問、反問能引起他人的好奇心；流暢的排比能激發公衆的熱情；適時的反覆和強調能加深他人印象，產生更好的效應。若能善用種種修辭，就能使大衆對你所要傳達的內容印象深刻。

四、變化的句式

爲了加強表達效果，還須注意句式的變化。

在公關活動中，可用單句，也可用複句；可用陳述句，也可用感歎句；可長短句交錯，也可倒裝、前置。句法參差不同，才能加強語句的強度與活潑性。

五、和諧的節奏

說話時，要注意音量、音質、音色，若是頻率過高，會使聲音刺耳，惹人不快；若是頻率過低，會令人沉悶欲睡。

說話語調要有抑揚頓挫、高低起伏，才能吸引聽者的注意力與興趣。

六、真摯的感情

公關語言除了要優美生動，還必須傾注真摯而充沛的感情。有口話說：「只有在心中裝滿了蜜，口中的言語才會甜。」以此類推，只有當心中裝滿誠摯的感情，說出來的話語才可能感動人心。

公關語言除了具有以上這六個特點之外，由於公關語言多半帶有一定的目的性，因此必須遵循以下這五項原則：

一、通俗易懂原則

公關詞語首先要讓人聽得懂，因此忌用一些冷僻、晦澀的詞語，否則會造成溝通和交流上的障礙。

明朝人趙南星寫的《笑贊》裡有這麼一則故事。

一個秀才買柴時說：「荷薪者過來。」賣柴者因「過來」二字明白了秀才的話，就把柴擔挑到他面前。秀才又問：「其價如何？」賣柴者因明白「價」這個字，於是說了價錢。但秀才又說：「外實而內虛，煙多而焰少，請換之。」賣柴者不知秀才在說什麼，便挑擔而去。

這則笑話中的買賣過程，也可看作是公共關係中的口語交往過程，因選用的詞語不通俗，對方聽不懂，所以這些話語無法達到溝通的效果。

二、典雅原則

公關話語要通俗易懂，但並非是要用俚俗、粗鄙的詞語。

公關人員的談吐和言語格調會直接影響他所代表的組織形象，因此應選用典雅的詞語，以給對方良好的印象。比如，「有空再來看看」就不是適當的公關語言，應該說「有機會的話，歡迎再次光臨」。

三、詞語色彩中性化原則

在公共關係交際中，一般應採用不強調褒貶的中性詞語，以縮短自身與公眾間的心理距離，好達到溝通的目的。比如宣傳產品時，既不應貶低其他廠商的同類產品，也不能「老王賣瓜」地自賣自誇，否則會引起公眾的反感。

四、恰如其分原則

說公關話語時，要把握好遣詞用句的分寸，不要過分，防止語意走向極端。例如，適度的讚美可使對方愉悅，但過分了，只會適得其反。

改變稱呼方式就能改變彼此距離

若想改變自己與對方之間的距離，不論是想拉近彼此的關係或是要疏遠對方，改變稱呼方式都是有效的做法。

俄國傑出哲學家、作家赫爾岑曾經說過：「生活中最重要的是要有禮貌，它比最高的智慧、比一切的學識都還重要。」

此話雖有些偏頗，但禮貌確實是所有參與社交者必備的基本美德之一，我們應高度重視「禮貌」的作用力與影響力。

想和不熟的人進一步接觸時，叫對方名字可說是最直接、有效的辦法。受員工愛戴的董事長或是受學生喜歡的老師，多半都是善於記下對方名字的人，這也是集體面試時，必然會遵從的原則。

集體面試是就業考試時，常用來面談的一種方式。這時候，負責面談的這一方，由一個人負責對五六個人面試，幾位應徵者以圍繞面試者的方式坐下，應徵者前面會放置寫上名字的牌子。

在這種場合中，面試者在提問時，必然會叫對方的名字，像是「某先生，對於這一點你覺得如何？」「某先生，你的意見如何？」「某先生，以你的立場而言，你覺得應該怎麼辦？」等等。

被叫名字的應徵者會覺得自己和面試者之間的距離縮短，所以能輕鬆說出自己的想法。以這種方式瞭解應徵者的內涵，即是集體面試的目的。

那麼，若要把這種心態應用於拒絕對方請求時，又該怎麼做呢？

通常和對方的心理距離越接近，就越難開口說「不」，因此若想拒絕對方，就不要直呼對方名字。

另外在商場上，對於初次見面的人，通常會互相交換名片，大多數人會把新拿到的名片放在眼前，這也是一種禮節。這樣在接下來的談話中，就能稱呼對方的名字，讓談話進行得更順利。

相反的，若是你不喜歡對方，不想讓這個人接近自己，不想跟對方展開談話，那就不要接受對方的名片。要是已經得到對方的名片了，也不要看名片內容，如此才能有效地拒絕對方。

同時，要以「那位先生」等不叫名字的方式來稱呼對方，以此來維持自己與對方之間的距離，這樣一來，對方多半會知難而退。

總而言之，在商場的人際交往上，若想要改變自己與對方之間的距離，是不是直呼其名會產生很大的影響。

不論是想拉近彼此間的關係，或是要疏遠對方，改變稱呼方式都是最直接又有效的做法。身爲企業領導人，不可不明瞭這一點。

讚美，讓語言更甜美

善用語言的藝術，可以有效提升自己的推銷技術，鞏固人際交往，但也要小心別誤觸對方的「地雷」。

美國總統林肯曾說：「每一個人都喜歡被讚美。」

身爲一位店員或推銷員，或者企業經營者，只要你想做成生意，那麼看到客戶所做的某一件事或所得到的成就値得讚美時，一定要馬上提出來，並且告訴他們，你非常欽佩與讚賞。

要知道，對顧客的成就、特質、財產所做的所有讚美，等同提高他的自我肯定，讓他更感到開心，並增加對你的好感和滿意度。

說一些讚美的話，用不了太多時間與太多精力，可以達到的效果卻超乎想像。不過幾秒鐘的時間，人與人之間的關係與情感就能夠大大增進，甚至是一百八十度的完全扭轉。

眞心的讚美，可以由以下幾種方式著手：

1. 稱讚顧客的衣著。

「我很喜歡你的領帶，搭起來眞有品味。」

「你穿這件毛衣眞好看，襯得氣色非常好。」

2. 稱讚顧客的孩子。

「您的兒子眞是可愛，而且非常懂事呢！」

「您的女兒好漂亮，她今年幾歲啦？上幼稚園了嗎？」

3. 稱讚顧客的行為。

「對不起久等了，謝謝您的體諒，您眞是有耐心。」

「自備購物袋嗎？唉呀！您眞是太有環保概念了！」

4.稱讚顧客自己擁有的東西。

「這輛車保養的眞好啊！出廠很多年了嗎？完全看不出來呢！」

「從這頂帽子看來，您一定是洋基隊的忠實球迷吧！」

以上幾種形式的讚美，往往可以讓顧客感到高興，進而建立起自己的好形象。

另外，讚美時，要注意以下細節，避免收到反效果：

1.必須要有實際內容。

沒有實際內容的讚美，聽來會像是嘲弄。比如只說「您好偉大喲」，卻不說原因爲何，就顯得酸溜溜，容易令聆聽者不快。

2.從細節開始。

與其只說某件衣服很漂亮，不如明確地說出漂亮在哪裡，例如「這身衣服很好看，尤其是下襬剪裁，很有修飾身材的效果」，就是一種高明的稱讚。

3.切合當下的環境。

若當時天氣很熱，顧客因爲衣服穿得太多而猛冒汗，一臉狼狽，你就絕對不能說：「哇！這件衣服多漂亮啊！」

人性共同的弱點是期望獲得別人讚美、欽佩、尊重，因此，說話的最高藝術，就是運用話語替自己創造運氣。只要你掌握人性的共同弱點，將自己的話語裹上一層糖衣，既可以激發對方內心潛在的慾望，更可以滿足對方渴望獲得認同的心理，順利地達成自己的目的。

善用語言的藝術，可以有效提升自己的推銷技術，鞏固人際交往，但與此同時也要小心，別觸犯那些顯而易見的禁區，或誤踩對方的「地雷」。

說話能力決定你的競爭力

與其說推銷語言是一門技術，倒不如說是一種藝術，因為一句話可以讓人跳，也可讓人笑。

美國口才專家鮑特說：「在注重自我行銷的商業社會裡，說話已經成為專門藝術，說話的能力決定一個人做成多少生意。」

的確，具有良好的口才，表達能力強又彬彬有禮的人，必然是商場上的常勝軍。如果你想成爲成功的傑出人士，就必須掌握「把話說進心坎裡」的應對藝術，鍛鍊自己的說話能力。

口才是現代社會必備的競爭資本，「站在對方的角度說話」更是商業社會的成功之道，唯有具備良好的說話能力，才能在商業社會遊刃有餘。

一位剛進入某百貨公司服裝專櫃任職的女店員，雖然工作之時笑容可掬、和氣親切，業績卻始終不怎麼樣。

她始終不明白，為什麼經過的人多、看的人少，更糟糕的是，往往她一開口介紹，連那些挑挑揀揀的人都馬上放下衣服離開。

主管也同樣感到疑惑，特地找一天前來專櫃實地了解。

不久，一位衣著時髦的少婦走來，對著穿在模特兒身上的洋裝，躊躇再三，似乎有些心動。那位專櫃小姐一心想要趕快促成生意，便上前說：「這件衣服銷路很好喔！光是今天一早，就賣掉了好幾件。」

沒想到適得其反，那位少婦一聽，扭頭就走，心想既然大家都買，要是穿出去撞衫多麼尷尬，還是算了吧！

一段時間之後，又來了一位中年婦女，拿起一件設計新潮的背心，似乎相當中意。專櫃小姐見狀，馬上又勸說：「這件衣服很有特色，一般人恐怕還穿不了呢！上市之後，一件都沒有賣出去，看來就是適合您這樣的人啊！」

那位中年婦女一聽，竟以為對方在挖苦自己，立刻漲紅著一張臉，氣鼓鼓地快步離開。

爲什麼這位敬業的專櫃小姐做不成生意呢？說穿了，就在於說話技巧太差，完全不懂得「站在對方的角度說話」。

若是無法摸清顧客心理，不能因人而宜、恰如其分地打動人心，絕對不可能達到理想成績。言語的影響力遠比想像來得大，可以說，一件商品或一項服務的加分減分，往往都與售貨員的說話技巧脫不了關係。

身爲服裝專櫃的售貨員，若是逢人就說：「這件衣服您穿上去，一定更顯年輕。」或許可以滿足部份顧客的虛榮心理，但也可能不知不覺中得罪部分實際年齡並不大的顧客。

所以，與其說語言的運用是一門技術，倒不如說是一種藝術，因爲一句話可以讓人跳，也可讓人笑，端看運用是否高明。

如果不能掌握顧客的心理，不能針對他們的需求切入，無法做到「見什麼人，說什麼話」，便難保不會說出「讓人跳腳」的糊塗話。

面對不同的景況和不同的交談對象，運用最正確的說話態度和語言技巧，往往可以幫助我們快速達成目的。相反的，如果無法掌握說話藝術，非但浪費唇舌，無法達成自己想要的目的，還可能造成彼此誤解，衍生不良後果。

不要以爲說話沒什麼了不起，口氣往往決定你的運氣。細心研讀並靈活應用說話藝術，會增進你的競爭力，使你成爲一個精明的商人、出色的推銷員、成功的企業家，談成別人談不成的大生意。

只要時常模擬現代社會中各種常見的場景，勤加演練，就能用正確的方式增強自己的應對能力，增添自己的魅力與說服力。

誘導用得巧，生意自然更好

假若你是推銷員，能不能熟練地運用「誘」的技巧，達成目標？如果沒有把握，請從現在開始揣摩，並訓練自己。

讓顧客不知不覺、心甘情願地購物，正是誘導技巧的高明處。

日本豐田汽車公司旗下的一名推銷員，在美國底特律汽車市場，面對一群徘徊猶豫的顧客，是這樣說的：「現在油價居高不下，買轎車當然不怎麼合算。說老實話，我上個月才為此買了一輛自行車，打算以後靠騎車上下班，省下那一筆嚇人的油錢開支。」

「買車之後的第二天，我便興沖沖地跨上它，往辦公室出發。沒想到路程竟然比想像遙遠許多，花上整整兩個小時才到公司！我的天哪！一進辦公室，我就癱在桌前，根本沒有力氣走動。」

「熬到下班，又是一場折磨的開始。全身骨架已經跟散了一樣，拖著沉重的腳步走到門口，才想起還得要頂著風騎車回家去。那個當下，我傷心得簡直想要大哭一場。」

「於是，我明白了一個真理——無論如何，一台代步的轎車都絕不能少。既然如此，那就買省油的車吧！本公司的車向來以省油出名，而且價格便宜，絕對是最實惠的選擇。」

一席話說得顧客紛紛稱道，銷路由此大增。

又例如，某一天，一位客人來到一家繡品商店，想要為新婚的好友購買一床繡花被面作為贈禮。

對著店內五彩繽紛的繡花被面看了半天後，他終於挑中其中一床繡有一對白頭翁的被面，但再仔細一瞧，又顯得有點猶豫，自言自語說：「這一對鳥很漂亮，但就是嘴巴太長了一點，感覺像是夫妻吵嘴，不太適合。」

店員聽到後，立刻笑瞇瞇地說：「您看見了嗎？這兩隻鳥的頭頂是白的，象徵夫妻白頭偕老。嘴巴之所以伸得長，是因為牠們在說悄悄話，相親相愛的表示，很喜氣的。」

這位顧客一聽，頓時放下心中的石頭，連連點頭說道：「有道理，有道理！」高高興興地掏錢買下了這床繡花被面。

汽車推銷員用自己的切身經歷誘導顧客，具有很強的渲染力，難怪大家願意當買轎車的「傻瓜」。一床繡花被面，顧客愛不釋手，但對構圖心存疑慮，店員適時進行定向誘導，扭轉顧客心中的既定認知，自然說得對方點頭稱是。

以上兩個故事，都是「把話說到對方心坎裡」的最好例證，聽來雖然再簡單不過，卻含有相當的技巧。

假若你是推銷員，能不能熟練地運用「誘」的技巧，達成目標？

如果沒有把握，請從現在開始揣摩，並訓練自己。

輯7.

技巧性接話
有助於套出真話

附和對方的語意，
他便會迷失在想說的話當中，
甚至誤以為那就是自己談話的中心，
而毫不忌憚地繼續說下去。

連說帶演，效果更明顯

推銷商品時，先讓顧客們盡情嘗試，再以動聽的言語打動，是征服不安和懷疑心理的妙招。

有的問題，僅憑三寸不爛之舌還是難以說明白，這時候，就該採用實物、圖片、模型加以說明示範，以求充分展現商品魅力。

生動的演示配上動人的言語，將使推銷更具吸引力和說服力。

一位推銷員走進客戶的辦公室，打過招呼以後，指著一塊沾滿污垢的玻璃，有禮貌地說：「請允許我用帶來的清潔劑擦一下。」

結果，由於毫不費力便把玻璃擦乾淨，立即引起了客戶的興趣，一筆生意自然手到擒來。

一個推銷員是這樣演示自己所推銷的產品：

「太太，請您注意聽一聽。」他一面說，一面掏出打火機點火。

「能聽到打火機的聲音嗎？聽不清吧！這台的縫紉機發出的聲響，就和這個打火機的聲音一樣大。所以，您根本無須擔心，我們公司所生產的縫紉機，無論品質或功能都堪稱獨一無二。」

以打火機點火時的聲音比喻，說明自家縫紉機聲音極小的優點，從而吸引顧客點頭購買，是生動且高明的招數。

某公關諮詢公司的章先生，到傢俱商場去推銷一項計劃，一張口就吃了「閉門羹」，經理直接拒絕了邀請。儘管尷尬，章先生卻只是笑笑說：「沒關係，那我就當您的顧客，走走逛逛吧！」

經理不能不表示歡迎，於是帶著他四處參觀。看過所有商品之後，章先生指著一張進口床，詢問銷路如何，經理歎道：「不怎麼樣，可能因為是新品牌吧！顧客最開始總是不太敢下手訂購。」

章先生一聽，立刻出了個「點子」：在樓梯口放一張床，再豎立告示牌，上面寫著「踩斷一根簧，送您一張床」。

經理也覺得很有趣，便高興地照辦了。

結果，顧客進店先踩床便成為該商場最特別的「銷售即景」，人們聞訊而至，爭相蹦踏，笑聲不息，效果可想而知。

幾天之後，經理主動宴請章先生，表示願意加入公關計劃。

美國化妝品女王艾絲蒂，一九六〇年代致力於擴展歐洲市場，卻總是不斷被那些高級商店拒絕，相當不順利。

一天，她來到巴黎拉德埃百貨公司門口，正好遇到下班時間，購物的人潮摩肩接踵。眼見機不可失，她當即狠下心來，把隨身攜帶十多瓶「青春的潮氣」香水全部倒在地板上。

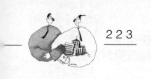

很快，百貨公司內便香味撲鼻，芬芳四溢，許多顧客都被吸引過來，艾絲蒂趁機以三吋不爛之舌展開介紹，大肆宣傳。

她的舉動引起了人群中一位記者的注意，便在第二天的報紙上寫了一篇專門報導。從此，艾絲蒂的香水在巴黎名聲震響，一路暢銷。

透過這些例子，我們可以歸納出一個結論：推銷商品時，先讓顧客們盡情嘗試，再以動聽的言語打動，是征服不安與懷疑心理的妙招。

針鋒相對使人無言以對

對方提出詰問，必定希望你依照他的目的來進行，一旦發覺你的回答完全是針鋒相對，就足以令他手足無措、無言以對了。

二次世界大戰以後，日本保守派最傑出的謀士三木武吉，幫助鳩山一郎順利當上首相，才華蓋世、機智絕頂的表現令人爲之讚佩，可是他總難逃女人的引誘，緋聞一直不絕。

三木武吉晚年，有一名婦女團體的代表前來拜訪，很不客氣地詰問：「三木先生，您的一舉一動都能影響國家社會，如此情況下還和兩個名女人搞七捻三，這到底是怎麼一回事？」

三木武吉聽了卻一臉無所謂，淡淡地回答說：「才不止兩個，可能您想像不到，我現在正跟五個女人有關係、有往來呢！」

這位婦女代表愣在當場，無言以對。

他繼續說：「這五位女士在我年輕時處處照顧我，現在她們徐娘半老，甚至老態龍鍾了，我當然應該在經濟上幫助她們，並在精神上支持她們。」

這位婦女代表一聽，不但不再責怪他，反而感佩萬分。

同一時期，擔任日本勞工運動主持人的太田薰，說話技巧也非常高，比起三木武吉毫不遜色。

有一次，鋼鐵勞動聯盟組織推派一位代表拜訪太田，說他不該如此畏畏縮縮，並嚴厲指責他領導的勞工運動無法爲工人爭取福利。

太田立刻反駁：「你們以爲美國的勞工聯盟全被右翼份子把持嗎？他們即使發動大罷工，最後也僅能熄火待命。你們呢？言論表現如此激烈，可是又有什麼眞正成績？」

大聲叱喝之後，這位代表當即閉口，以後再也不敢來囉唆。

三木武吉和太田薰之所以能在盤詰之下立刻還以顏色，有效封鎖對方的攻勢，讓他們知難而退，原因不外乎下列三項：

- 全盤了解對方的目的
- 考慮自己的目的
- 調節兩者的進行順序

對方提出詰問，必定希望你依照他的目的，依循某些規則來進行，一旦發覺你的回答完全是針鋒相對，有排山倒海之勢，自然會感到手足無措、無言以對。談話時，適時亮出自己的底牌，是掌握主控權的好方法。

技巧性接話有助於套出真話

附和對方的語意，他便會迷失在想說的話當中，甚至誤以為那就是自己談話的中心，而毫不忌憚地繼續說下去。

懂得說話技巧，就沒有打探不出的秘密。

想要使談話成功，令對方屈服，就要想盡辦法誘使對手多開口，才能打探洩漏出來的情報，達成意外的效果。

這就必須盡可能地附和對方，以降低戒心。

日本知名播音員高橋圭三，就是位「附和對方」意見的高手，在此引述一段他和歌星村田英雄的談話：

村田：「我剛剛加盟ＮＨＫ公司的時候，經濟情況比較拮据。有天錄音結束得較晚，他們派司機開車送我回家。那是輛最時尚的轎車，坐在車裡非常愜意，可是想起我寒酸的住所，如果讓他們看到了，實在不像話……」

高橋：「他們沒有把車子停在你家門口吧？」

村田：「是的，我就怕這樣，幸好我靈機一動，想起自己家隔壁是一棟富麗堂皇的洋房。」

高橋：「於是你有了妙計，對嗎？」

村田：「沒錯，轎車開到那棟洋房時，我就馬上對司機說：『到了，就是這兒，謝謝！』」

高橋：「因為夜深了，你沒請他進去坐一會兒。」

村田：「對，我正是這麼對他說，你怎麼知道的？」

從這段對話，可以清楚看出高橋圭三如何引導對話的進行，讓村田英雄說出了難於啓齒的過去。

每句話或提示都很短，但都預先附和了對方的語意，這就是聰明的地方。

善用技巧性接話，就沒有打探不出的秘密。

對於任何人，不論對方的名氣有多大，只要懂得附和對方的語意，他便會迷失在想說的話當中，不僅無所迴避，甚至誤以爲那原本就是自己談話的中心，而毫不忌憚地繼續說下去。

這種說話術沒有別的訣竅，完全在於站在對方立場，鬆懈對方的警戒心，使他感到備受重視，心情愉快，自然就滔滔不絕地說下去了。

明槍比暗箭更難防

單純明快的理論最容易讓人中計上當，即使後來發現自己被迷魂陣欺騙，卻已經措手不及，喪失最佳的反擊時機。

談話是促進人際關係的有聲媒體，也是情感交流的手段，互訴心聲的工具。

但是，正如同水能載舟，亦能覆舟，它像一把「兩面刃」，經常將人導入錯誤的判斷或紛爭中。

美國過去有位最得人緣的政治家，名為戴恩將軍，但也以好色聞名。

某次發表競選演說時，一名聽眾因爲不滿他的私生活，竟當眾責問他的不檢點。沒想到戴恩只靠三言兩語，便使對方啞口無言。

聽眾：「將軍，您的意見我都贊成，但請您少玩弄女人好嗎？」

將軍：「是這樣嗎？請問這位先生，您是不是堂堂男子漢？」

聽眾：「是啊！我當然是。」

將軍：「那麼，如果有位極漂亮的女孩子要你愛她，你忍心拒絕嗎？」

聽眾：「這個……」

將軍：「我相信你同樣不會拒絕的，是吧？」

戴恩採用的是「趣味邏輯」三段論法——男人愛女人，你是男人，所以你也喜歡女人！在這段簡短的對話裡，戴恩巧妙地避開了「道德」問題，僅就男女之間的喜悅進行討論。

此類單純、明快的理論最容易讓人中計上當，即使後來發現自己被「三段論法」的迷魂陣欺騙，也已經措手不及，喪失了最佳的反擊時機。

政治家們就經常利用這種方法攻擊對方的弱點，所以我們常常可以聽到某些要人在分析一個極爲重要的問題時說：「這個問題有三項重點：第一是……第二是……第三是……」

輕描淡寫地分析了整個問題，聽者往往被搞得昏頭轉向，誤以爲事情眞的如此簡單，殊不知它並不是只有三點而已，很可能有第四點，而這個第四點，才是問題的眞正核心。

可見，明快的理論方式，最容易使人受騙上當。

若無法直接解決一個問題，也可藉一段引言沖淡問題的嚴肅性，再導引聽者步入錯誤的判斷當中，同樣是取勝的好方法。

謠言越誇張，越能讓人緊張

謠言牽涉的範圍越大，往往越具說服力，由於不能得到正確的情報，以致產生了不安和恐懼。

一九四二年五月，日本政府利用前線軍事吃緊、二次大戰正打得激烈時，進行了一項有關謠言流傳的實驗。

日本軍方和警視廳急欲知道國民對政府發佈之消息的不信任程度，以及謠言流傳的速度和過程，於是派人散佈謠言。

有一天，在札幌車站，來了兩個目光銳利的男子，兩人在候車室裡聊天，忽然神秘地向其他候車者說：「我剛剛看到一個美國大兵，身穿紅色的斗篷，腳上卻穿了日式拖鞋……」

事實上，這兩名警視廳派出的便衣刑警，正在利用自身巧妙的演技，悄悄地把這個「謠言」傳播到周圍乘客的耳朵裡。

二十四小時以後，這則「謠言」竟然傳到了首都東京。

當時由札幌到東京的行車時間正好是二十四小時，可知那班車的乘客就成爲謠言的搭載者，以每小時四十三公里的速度將訊息傳播到首都去。

人人都知道，德國納粹首腦希特勒是二十世紀最大的謠言家，他有一句千古不朽的名言：「謠言越大，越使人深信不疑。」

究竟何謂謠言？

謠言即是具有特定目的，且以煽動人心爲意圖的意見交流。因此越能加深恐懼和不安的謠言，越能獲取對方的信任。

由於不能得到正確的情報，以致產生了不安和恐懼。謠言之所以能蠱惑人，便是巧妙地利用了這個弱點。

流言和傳說，可謂謠言的「手足」。流言的性質，限定對公共性問題，缺少事實的根據。傳說則是朋友之間的情感交流，較欠缺流言的共通性。但不管怎麼說，這三者的本質是相同的。

學者波斯曼是研究流言的權威，曾指出：「流言的強度與感染性，視事情的重要性與曖昧性決定。」

因此，不論是流言、傳說，或是謠言，牽涉的範圍越大，則越具說服力。所謂「範圍」，指接受者持有的關心態度，或針對所受影響的程度深淺。

任何公司或組織面臨人事異動，或政治大選到來，通常是謠言專家活動最頻繁的時候。對於自己非常關心但尚未明朗化的事情，必須分外小心謹慎，否則，也許上了謠言家們的當還不自知呢！

藉不同形象造成混亂印象

> 在同一時間內，用多種不同的形象記號，使人得不到統一的印象，將可把對方的記憶和思考全都攪亂。

有一位政治立場態度曖昧的政客，提到某位老政治家時說：「這位老先生在政治舞台上眞是個不倒翁，一直位居顯要。」

聽到這段話的人，通常會有兩種印象：

一、這是位勤政愛民、憂國憂民的偉大政治家。

二、這是位長袖善舞，政壇的卑劣政客。

在國會或地方議壇上，你是否注意到執政者多做諸如此類的答辯：「這個問題確實刻不容緩，但也必須要好好考慮，仔細研究才行。」

你是否會因此被這位政客迷惑？

既然是有燃眉之急的重大事件，爲什麼不立刻處理？

「好好考慮」、「仔細研究」，不是在拖延時間嗎？

這句話確實很有問題，當中的意思互相矛盾，技巧地混合了事物的兩面，擾亂聽者的判斷，使人如墜入五里霧中。

在一同時間內，用多種不相同的形象記號，使人得不到統一的印象，將可把對方的記憶和思考全都攪亂。

莎士比亞在名著《亨利四世》中，有一段描寫霍魯斯塔這個匪黨決定金盆洗手的場面。但事隔不久，他的夥伴哈魯遜力邀他再幹最後一票不法勾當時，他竟然立刻應允了。

別人問他何以如此不守諾言，想不到霍魯斯塔卻這麼回答說：「哈魯遜對我說：『去吧！去吧！這是我們的職業。人若不忠於自己的職業，那眞是罪過呀！』

因此，我就去了。」

哈魯遜把搶劫當成職業，把兩個性質完全不同的形象記號連結在一起，成功地使霍魯斯塔喪失正確的判斷力，於是再次選擇同流合汙。

芝加哥某報社曾經如此介紹一位英國上議員：「他是一位得到兩次最高榮譽的上議院議員。」

但在隔天卻又說：「他是左翼勞工無黨派組織所選出的上議院議員。」

這麼一來，讀者們對這位英國上議員失去了統一的印象，他的身價自然會在無形之中被貶低。

有些職員口口聲聲說要辭職不幹，可是在工作上卻比以往賣力，意圖使競爭者對他失去注意力，也是基於同樣的道理。

藉不同形象混淆印象，是用言語避開危機、傷害對手的有效策略。

以話語擾亂判斷力，最具威力

日常生活中，很多慣用語都在下意識裡隱隱含著中止思考的效力，並能積極地擾亂對方的合理判斷。

心理學家說，人類思想的固定形態，往往會在日常的應對談話中表現出來。「沒辦法」、「不得已」這類認命的語氣，會擾亂對方的判斷。只要稍一細想就會發現，同一型態的習慣語還有「還不是老樣子」、「這都是命啦」、「一切都是注定的」……等等。

有位心理學家曾舉出了一個「既往不咎」的故事，其中認命似的話語，便明顯妨礙了合理判斷。

一個小鎮上的理髮店裡，一位正等著理髮的客人忽然發現錢包不見了，找了一會兒總算找到了，但裡面的錢卻少了五百元。

客人心有不甘，指著一位理髮師，硬說是他拿走了錢。理髮師無端受到指控，又憤怒又委屈，結果鬧上了法庭。地方法院負責調停的先生對雙方說：「既往不咎，算了！算了吧！這點小事，既往不咎！」

事情最後真的算了，不了了之，雙方言和，好像整件事從來沒有發生過。但事件中有許多疑點並沒有得到澄清，諸如理髮師的清白並沒有證明，問題沒有被解決，五百元還是沒找到。

「既往不咎」這句話明顯具有某種魔力，把原本應該追究的事輕輕帶過，雙方都被這句話洗腦，不知不覺中停止爭執，不再繼續追究下去。

日常生活當中，很多慣用語都在下意識裡隱隱含著中止思考的效力，並能積極地擾亂對方的合理判斷，值得好好運用。

用聽不懂的詞語設騙局

將某種事情描述得像是真的有那麼一回事，就會令人難以分辨真實性，進而達到矇騙他人、擾亂視聽的目的。

日本文學泰斗芥川龍之介，曾「矇騙」過廣大的讀者。芥川龍之介在《奉教人之死》這一小說裡，一而再，再而三地提起一本名叫《雷根達歐雷阿》的稀有古版書。

全日本立刻掀起搜尋這本古版書的熱潮，書店的電話響個不停，瘋狂的讀者、經營古書店的老闆們，全都著迷於追尋那本古版書的下落。

但問清真相之後卻教人洩氣了，因爲事實上，除去《奉教人之死》，芥川龍之介本人以及任何一位專家學者們，從來沒有提過這個名字。

原因無他，《雷根達歐雷阿》只不過是個「騙局」，純粹是芥川龍之介個人一時興起的揑造而已。

事實上，他本人做夢也不會想到這一招竟然能夠掀起軒然大波。

東方人似乎或多或少都有崇洋的心態，任何東西只要被標上外文，便像是鯉魚躍龍門般高貴起來。芥川龍之介這位文學大家，就是運用一般人的這種心理，巧妙地「騙人」。

夏目漱石於《我是貓》一文中，描述主角苦沙彌遭到小偷光顧的情形：

警察：「你們有什麼東西被偷？」

「和服腰帶被竊。」

「共值多少錢？」

太太不知道，苦沙彌先生隨便說了一個數目。

想不到太太卻堅持：「不止值那些錢！」

結果夫妻倆吵了起來，苦沙彌一怒之下，大聲喝道：「妳自己都不知值多少錢，

怎麼知道不是那個價錢？妳真是個『歐多均．巴諾歐卡斯』！」

一下子，太太停止了叫嚷，連警察也愣住了，因為他們聽到「歐多均．巴諾歐卡斯」這個從未聽過的辭，難以分辨那究竟代表什麼意思，氣焰自然消弱，喪失了還擊能力。

事實上，根本沒有那句外來語，完全是苦沙彌自己隨口亂說而已。

將某種事情描述得像是眞的有那麼一回事，就會令人難以分辨眞實性，進而達到矇騙他人、擾亂視聽的目的，這是把話說得更妙的絕招。

援引實例最有說服力

用爭論駁倒對方，雖然在理論上獲勝，但卻難使人心服；從例證著手，最能引動情感，讓他人對於你的意見或說法欣然同意。

有一位旅遊書作者這輩子都沒有出過國門，卻寫了本《海外旅遊指南》，並且還十分暢銷。

知道這件事的同行大為嫉妒，有一天故意對他說：「你哪裡都沒去過，怎麼能寫這種書呢？不是擺明了在騙人嗎？」

他的回答相當出人意料：「從沒去過巴黎的日本散文名家×××，寫出的《巴黎指南》不也是人人愛讀，不忍釋手嗎？」

這種有先例可循的答辯，最能使人知難而退。

用爭論駁倒對方，雖然在理論上獲勝，但對方即使口服，卻難以心服；從例證著手，則最能引動情感，讓他人對於你的意見或說法欣然同意。

有位作家在荳蔻年華時完成許多篇戀愛小說，篇篇華麗曲折，章章絢爛細膩，風靡成千上萬的少女。

對此，有位評論家毫不客氣地提出批評：「她自己仍然待字閨中，怎麼能夠如此大膽地寫出夫婦之間真實的生活？」

她得知這則評論之後，立刻反駁：「如果依照您的意思，那些描寫囚犯經歷、敘述帝王奢華生活的作家們，一定進過監獄，當過皇帝了！」

這位評論家啞口無言，從此不敢再啟戰端。

這位作家引用一個事實俱在的例子，和自己的立場相提並論，任何人在同視兩者之後，當然獲得相同結論，這就是她的聰明處。

輯 8.

站在對方的立場來說服對方

如果從一開始就強調自己的立場，
彼此間的鴻溝就會越來越深，
當對方有了對抗的心理狀態時，
你是絕對無法說服他的。

善用讚美，更添成功機會

> 與同事溝通時，要能夠恰當地利用讚美增進雙方的感情，這麼做能有效改善工作環境與氣氛，有利於事業的發展。

想要與人展開良好溝通，微笑是必備的基本條件，另外還有一把能有效攻城掠地的武器，就是「讚美」。

當然，讚美有很多種，若是運用不當，非但沒有幫助，還會導致反效果。爲了讓讚美確切打動人心、發揮功效，首先必須先認清讚美的兩大種類：

• 直接讚美

顧名思義，直接讚美就是當著對方的面，用明確、具體的語言，直接稱讚對方的行爲、能力、外表或其他任何優點。

有一位非常精明強悍的老闆，極擅長與員工溝通，每天晚上，他都會寫一些便條給下屬，獎勵他們的某些優秀表現，例如：「傑克，你的主意很棒！好好幹吧！」「萊瑞，多虧了你今天的優異表現，公司得到一筆大生意，今後也請繼續加油。」因為如此，員工全都心服口服，願意為公司賣命。另外，針對生活中的小細節進行讚美，也相當有效。比如看見同事買了一件新衣服，你可以說：「這件衣服看起來眞不錯，穿上之後，看起來精神眞好。」

這樣的直接讚美證據及針對性極強，不會讓人誤解，效果相當好。

●間接讚美

不直接挑明，而是運用語言、動作、行爲向對方表示自己的讚賞，比如在聆聽對方談話時不斷地微笑點頭，或者恭敬地向他人請教問題，都是一種間接且含蓄的讚美，可以使對方產生好感。

接下來，讓我們認識讚美時應當把握的幾大尺度。

同事之間，恰如其分的讚美能夠聯絡感情、增進友誼，但一定要以眞心實意、誠懇坦白爲基礎，並注意時機的選擇。

進行讚美時，應該注意以下幾點：

1.讚美的話語不要太誇張，言過其實的「讚美」，往往等同於「拍馬屁」，會讓人心生反感。

2.注意讚美的次數，只讚美真正該讚美的事情。過於頻繁就失去了讚美的意義，顯得浮誇不實。

3.不要在有求於人的時候大肆讚美對方，這只會讓人覺得你的動機不良，從而增加戒心。越是在自己不求對方什麼的時候，越該真心實意地表示讚美，如此效益最大。

4.針對不同的對象，選擇不同的讚美語言。若為同輩，可讚美他的精力、才幹、業績和風度；對於長輩，可以讚美他的健康、經驗、知識和成就；對於女性，可著重於讚美外表和服飾品味等。

與同事溝通時，要能夠恰當地利用讚美增進雙方的感情，這麼做能有效改善工作環境與氣氛，有利於事業的發展。

懂得利用微笑進行溝通的人，人緣必定會逐漸得到改善，並且相對地得到他人的讚許。

眞誠的微笑是善意的信使，可以將自己的眞誠心意傳遞出去。沒有人喜歡幫助那些整天皺著眉頭、愁容滿面的人，更不會信任他們。因此，即便在身負沉重壓力同時，仍要告訴自己面帶微笑，看向世界的美好，善用微笑與讚美，拉近自己與成功的距離。

如何解除別人的心理武裝？

如果你的對手防禦嚴密，而且表現得毫不通融的時候，你不妨先洩漏自己的弱點，使對方解除戒心。

每個人都有不爲人知的一面，或多或少都有些個人的秘密隱藏在心裡。譬如，一個成就顯赫的人，通常不願別人探知他過去不光彩的歷史，諸如工作方面曾經遭遇失敗，或血氣方剛時犯下的大錯、肉體上的缺陷……等。

每個人都有自己的理由不願被人察知某些事，因此，便把個人的秘密便隱藏在心底，而且越藏越深。

正是由於個人的心事不願外露，所以人往往裝出一副毫無弱點的樣子來與人交往，時時刻刻小心翼翼地武裝自己。不過，如果我們在說話辦事之際，懂得適時解除自己的心理武裝，毫不掩飾地袒露自己的一些小缺點，對方自然也會以輕鬆的姿態和我們相交。

通常，人對於故意掩飾的行動，常會投以有色的眼光，還可能故意往壞的方面聯想。但如果我們本身不再掩藏什麼，而是坦誠相見，向對方表達信賴與好感，對方自然也會展現誠意。

退一步說，即使對方不懷好意而來，面對解除武裝、曝露缺點且採取低姿態的一方，也肯定會將惡意轉變爲好意。

如果你的對手防禦嚴密，而且表現得毫不通融的時候，你不妨先洩漏自己的弱點，使對方解除戒心。

即使經常以嚴肅態度板起臉孔拒絕別人的人，只要你轉變態度，以信賴的姿態與他們交談，也會使工作意外地順利進行。

這是因爲，人類一方面將自己不願讓人知道的秘密嚴密地隱藏，一方面又渴望將自己的秘密告訴某人。

其實，秘密是內心相當沉重的負擔，長久不安是很痛苦的事情，把心裡的不幸、不滿向相知的人傾吐，是人類本能的欲求之一。

揭露自我的缺點，可以巧妙地引導對方喚醒這種本能欲求，使對方向你透露本身的弱點和秘密，彼此之間的關係也會變得更融洽。

站在對方的立場來說服對方

如果從一開始就強調自己的立場，彼此間的鴻溝就會越來越深，當對方有了對抗的心理狀態時，你是絕對無法說服他的。

在錯綜複雜的人際關係中，不是每個人都有左右逢源的能力。要讓別人喜歡並相信你，除了要訓練自己的口才，還應當探究人的潛在心理。

運用心理學的技巧，會使你深得人際交往的奧妙，而不會被一些表面現象所迷惑，並且能在自己和他人之間，架起一座心靈的橋樑。

美國第十六任總統林肯，曾經以一句「爲人民而創造的政治」之名言，掌握了民衆的心，而爲民衆所擁戴。

林肯總統在面對需要說明的場面時都會說：「我在開始議論時，就會將彼此意見的共同點尋找出來。」

林肯在有名的奴隸解放演說中，最初三十分鐘，只敘述一些持反對態度者所贊同的意見，然後再將反對者，按自己的目標逐漸地拉到自己這邊來。

林肯的說服方法，如果從潛在心理學來看，有兩個要點，第一就是人往往在被別人壓抑住其自身的意見時，自己才發現眞實的一面，而反過來完全地信賴對方。

第二就是「自我發現」時，在主觀上仍非常相信就是自己的意思，而事實上，這往往是被說明者誘導出來的結果。

林肯運用這個技巧的秘訣，就是在演講的前三十分鐘，先巧妙地軟化敵方，也就是在開始時先強調敵我之間的共同點，引導對方，使他們一步步接受自己的觀點。

如果從一開始就強調自己的立場，彼此間的鴻溝就會越來越深，而演變成「如果你有那種想法，那我只好和你拼了」的局面。當對方有了這種對抗的心理狀態時，你是絕對無法說服他的。

因此，如果在交涉的場合有五項待解決的事情，而你在剛開始時，就能把五項中最困難的問題提出來，也不失爲是一種好的做法，因爲最困難的問題都能解決，其他的當然不會有什麼問題。

當然，對方必定也很在意大問題，所以也有可能從一開始交涉，就因決裂而使事態惡化。所以，在這種情況下，一個能幹的交涉者，往往在開始時以比較簡單的問題作爲議題。

在討論這個議題時，他會說：「事實上也沒有任何別的問題，至少對於這個條件，我們的意見是一致的，下一個事項同這個事項也沒有多大的差別……」

如果五個問題中能用這種方法使對方贊成三個的話，那麼這個會議就差不多可以結束了，即使到了後面要討論最大、最困難的問題，只要採取這種方式，十有八九是都會成功的。

掌握尺度，把話說得恰到好處

為了使自身能力與事業得到順暢發展，與同事溝通交往時，一定要多留個心眼，多方注意。

阿諾德·本奈曾說：「日常生活中發生的衝突糾紛，大都起因於那些令人討厭的聲音、語調，以及不良談吐習慣。」

現實生活中，有些人人緣很好，極受歡迎，但也有些人處處得罪人。究其根源，在於說話方式是否夠聰明。

許多人想透過溝通增添生活情趣，希望借助交談的形式達到目的，卻往往弄巧成拙、事與願違。遇到這種情況，得先尋找自身原因，看看自己說話時是否注意到了以下幾點：

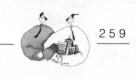

• 語言婉轉

人人都有自尊心，只在強弱差別而已。

雖然人的職位有高低之分，但人格絕對是平等的。經常責怪他人，必定會一而再再而三地傷害他人自尊。用責問的口氣糾正別人，即便出發點是善意的，也會讓人感到難以接受。

有些人性格比較直，說話不喜歡轉彎抹角，這雖然不是什麼缺點，卻不好讓人接受。在辦公室與同事溝通尤其應當注意場合，避免說出過於尖銳、讓人下不了台的話，傷害彼此的感情。

與同事溝通交流過程中，要注意以下幾大原則：

• 避免嘮嘮叨叨

喜歡訴苦的人最容易犯這樣的錯誤，一見到別人，凳子還沒坐熱，就開始向他人哭訴自己的不幸，抱怨命運的不公。

可想而知，這種個性的人，絕對讓人敬而遠之，不願結交。

●實事求是

與同事談話過程中，對自己不知道的事情，要虛心向他人請教，最忌諱不懂裝懂，更不該扮演心理分析學家的角色，對別人的言行胡亂猜測，以顯示自身知識淵博，經驗豐富。

人無完人，不可能事事皆通，能在某個領域得到出色成績就已經是很不簡單的事了。不懂裝懂只會令人生厭，所以應實事求是。

●給他人留些空間

有些人做什麼事都喜歡標新立異，以求彰顯自己，對他人做的任何事情都看不順眼，這種情況非常要不得。也有些人自認高明，做什麼事都單獨處理，不肯與他人合作，將自己封閉起來，甚至認爲這才是不隨波逐流的象徵。這種態度就是標準的自命清高，同樣不會受到歡迎。

● 把別人的話聽完

現實生活中，具強烈表達慾望的人很多，總是不識時務地打斷他人的話，表達自己的看法，不管對方是否願意傾聽。

不妨將心比心想一想，說得興高采烈時被貿然打斷，感覺會好受嗎？毫無疑問，這種人必會爲團體排斥。

與同事說話應注意尺度，避免因傷害導致日後的溝通障礙。

把話說得恰到好處，不僅對順利地開展工作很有好處，也能爲辦公室營造出良好的工作氛圍。

● 不要於背後議論他人

小李在一家公司擔任業務員，平時最愛在背後說別人的閒話。

一天，一位新來的業務員和他一起出去辦事。

回程途中，小李和這名新人聊起公司內部的閒話，說這項措施不好、那項也不怎麼樣，同事們有什麼樣的缺點，主管又有哪些討人厭的毛病，把全公司上下都批評了一頓。

第二天，小李一到公司就被主管找去，狠狠批了一頓，原因不言而喻。昨天所說的那些批評的話全都傳到了同事和主管的耳朵裡去，讓小李差點落得被公司解雇的下場。

當你在某位同事面前議論其他同事的短處，並要為你保密，對方即便嘴上滿口答應，心裡也一定會想：「你今天會在我面前議論別人，改天一定也會在別人面前議論我。」於是產生防範心理。

因此，千萬要記住，不要在背後說他人是非，因為這是人際相處明哲保身的最大忌諱，不僅傷害他人，也會給自己添麻煩。

●正視自己的錯誤

若在工作中犯了錯誤，你可能會為自己辯解，找出一堆理由。即使這些理由全是真的，你也為解釋浪費了大量的精力，會得到什麼樣的結果？能得到他人的同情或者理解嗎？

很遺憾，恐怕都不可能。

與其如此，還不如默默尋找原因與解決的對策，積累經驗，重新開始，以最好的成績來取代解釋，讓人們打從內心欽佩。

同理，若你在無意間傷害到同事，與其刻意去解釋，不如眞誠地道歉。極力爲自己找藉口不是聰明的行爲，往往只會越描越黑。

誰都難免因爲一時疏忽而犯錯，既然難以完全避免犯錯，眞正重要的就是對待錯誤的態度。

大家同處在一個工作環境中，摩擦、糾紛在所難免，關鍵在於如何讓溝通發揮功效，及時應對處理。

無法處理好與同事的人際關係，必會影響到工作的正常進行以及事業的發展。爲了使自身能力與事業得到順暢發展，與同事溝通交往時，一定要多留個心眼，多方注意。

笑一笑，溝通少煩惱

千萬別吝惜向人展露出微笑。笑一笑，溝通更順暢，你將發現自己因此更接近成功，更少煩惱。

「微笑是一句世界語言」，這句話的可信度無須質疑。

的確，現實生活中，最容易被人接受和理解的表情，非微笑莫屬。沒有人不會微笑，不管性別年齡差異或是地位高低，人人都擁有微笑的能力。它能給家庭帶來歡樂，讓朋友備感溫馨，是世界上最好的禮物。經常把微笑掛在臉上，是讓他人喜歡你的不二法門。

湯瑪斯・愛德華是一家上市公司的負責人，也是一位擁有億萬財富的富翁。在他取得成功之前，不過只是一家公司的小職員，不善言談、表情呆板，根本不受同事與客戶的歡迎。

後來，他決定改變自己，開始經常把開朗、快樂的微笑掛在臉上。很快地，所有人都意識到了愛德華的與眾不同。

他開始每天早上都對妻子微笑，這個小動作完全改變了夫妻倆人的相處氣氛，讓他感受到比過往更多的幸福。

對身邊每一個人，他都以笑臉相迎，對大樓的電梯管理員如此，對大樓門廊裡的警衛如此，對清潔人員同樣如此，更對所有的同事和客戶展露微笑。理所當然，每個人回報給他的也都是微笑。

就這樣，過往討厭他的人逐漸地改變了觀點，也與他拉近了距離。湯瑪斯・愛德華變成了一個受歡迎的人，曾經感到棘手的人際問題，全都得以順利解決。

愛德華的事例，清楚地說明了微笑的重要，這正是他後來取得成功的一大原因。因爲學會了讚美他人、尋找他人的優點，站在別人的立場看事物，他擁有了快樂、友誼，成了一個真正幸福的人。

接下來，還有另一則與微笑和溝通相關的故事：

張主任所在的單位，有一個很難填補缺額的部門要招聘一名員工。張主任找到一個很合適的人選，並主動與對方通了幾次電話。交談過程中，他得知還有好幾家公司也希望延攬對方，且實力都比自己所在公司強。

想不到，幾番思索後，這位合宜人選竟向張主任表示自己願意放棄其他公司的邀約，接下這份工作。

後來，在一次午餐中，張主任終於得知這位優秀人才願意加入公司的原因。對方是這樣說的：「其他公司的主任與經理，透過電話與我交談時，態度和語氣都非常生硬，相當拘謹客套，給我的感覺並不真誠。可是你卻完全不同，聽起來很親切，感覺確實是真誠地希望我能成為你們公司的一員。」

「當時，我似乎看到，電話的那一邊，你正面露微笑與我交談，因此我在聽電話的時候，也會情不自禁地以微笑回應。」

社交活動中，微笑是一項極有效的技巧，更是禮貌的體現，可以表現出一個人的涵養和水準。

曾有一位深深體會到微笑妙用的公司負責人說：「在我決定對手下員工微笑以後，最開始，大家非常不解，感到不可思議，接下來收到的回應就是欣喜與贊許。一段時間之後，我感覺生活比過去快樂多了，能夠得到的滿足感與成就感也較過去來得更多。」

「現在，微笑對我來說，已成為一種習慣，我對別人微笑，別人回報給我的也同樣是微笑，過去冷若冰霜的人，現在全都熱情友好起來。我的人際溝通交流，得到前所未有的成功。」

千萬別吝惜向人展露出微笑。笑一笑，溝通更順暢，你將發現自己因此更接近成功，更少煩惱。

溝通方式，因「個性」制宜

只要你認真摸清每個同事的性格和習慣，擺正心態，真誠地與對方進行交流、溝通，解決各種難題就不會是問題。

每個人都有不同的性格、愛好、興趣，因此在溝通時必須注意這一點：針對不同性格的人，要以用不同的方法進行溝通。方法運用得當，自然溝通順暢，如果方法不當，定會引起人的反感，使結果適得其反。

與不同類型的同事溝通，應該採用不同的方法，嘗試去適應對方，而非讓對方來適應你。

以下，提供與幾種不同性格同事溝通的好方法：

●性格比較刻板的同事

有些人性格比較刻板，常常是一副冷面孔，無論你多熱情地和他打招呼，他都是一副冷冰冰的樣子，令人不敢接近。

這種性格刻板的人，興趣和愛好比較單一，不愛和別人往來。其實，這些人也有自己追求的目標，不過不輕易說出來罷了。

與這類人打交道，非但不能被他的冷若冰霜嚇跑，還要用熱情加以感化，並且認眞觀察，尋找出他感興趣的問題和比較關心的事，作爲展開交流的媒介。

如此，相信他的死板性格將會慢慢被融化。

●傲慢自大的同事

平常接觸到的同事中，多多少少會有一些表現傲慢者。

與這種人打交道，的確使人頭疼，但往往基於工作上的需要，又不得不和他接觸，這時，不妨採取以下方法：交談時儘量做到言簡意賅、乾脆俐落，不給對方擺架子的機會；其次，抓住他的薄弱環節，進行適當的「攻擊」，滅滅他的威風與銳氣。

• 沉默寡言的同事

和沉默寡言的同事溝通，也是件比較費力的事。

這樣的同事會使人感到一股沉悶的壓力，讓你沒辦法接近、瞭解他，更無從得知對方對自己是否有好感。

對於這類同事，不妨採取直接了當的方式進行交流，儘量避免迂迴式談話，讓他明白簡要地表示「行」或是「不行」、「是」或是「不是」就可以了。

• 爭強好勝的同事

爭強好勝的人狂妄自大、喜愛自我炫耀，凡事都想顯現出高人一等的姿態，自我表現欲強烈，期望自己什麼都比別人強。

面對這種人，就算內心深處有意見，為了顧全大局，仍該適當謙讓。但是必須注意一點：如果他把你的遷就忍讓當作是軟弱，變本加厲，更加不表尊重，你就該給予適當反擊，讓他受點教訓。

●比較固執的同事

固執己見的人往往難以說服，無論別人說什麼，他都聽不進去。和這樣的人打交道，非但累人且浪費時間，往往徒勞無功。

所以，不得不與固執己見的人溝通時，要懂得適可而止，實在談不攏，就不必耗時費力了。

●急性子同事

性情急躁的人，辦事比較果斷、草率，因此容易對事物產生錯覺和誤解，導致疏失產生。

遇到性情急躁的人，最好能將事情的順序辨明，按部就班解決，不要把問題一次性地全拋出去，以免除不必要的麻煩。

●慢郎中同事

有急性子，自然就有慢郎中。與慢郎中同事交往，需要有耐心，即使他的步調總是無法跟上你的進度，你也必須按捺住性子，儘量配合。

在一個公司裡，會遇見不同類型的同事，爲了工作順暢，免不了得與他們交流、溝通，建立起一定的關係。不要把這當作困難的事情，只要你認眞摸清每個同事的性格和習慣，做到心中有數，擺正心態，眞誠地與對方進行交流、溝通，解決各種難題就不會是問題。

適度表現自己的能力

儘量在交談上力求熱情、親切，講出你之所以附和上司的原因。這樣既表現出你的能力，又可為上司臉上貼金。

身在職場，免不了得與上司進行溝通交流，結果將直接影響到個人的前途發展。有效與上司溝通，可以增加感情，有利於幫助自己獲得更多、更好的機會。與上司溝通時，應遵循以下原則：

● 該爭時則爭

當今社會充滿了競爭，而競爭又和機遇與成功息息相關，毫無疑問，過分謙讓會將晉升和成功的路堵死。

如果自己的確具有能力，就該適當地用工作成就、技能、才幹和潛力來吸引上司，表現自己，爭取更上一層樓的機會。與其靠別人發現自己，不如積極地選擇洽當的場合，將自身才能以恰當的方式表現。

●懂得表現自己

如果你覺得自己一直大材小用，不妨透過下列幾種方法與上司溝通：

1. 將自己的能力在上司面前施展出來。
2. 經常把最新的資料與消息帶給上司，讓他感到你的重要。
3. 瞭解一下上司的好惡以及對工作的要求，要得到賞識就不難了。

如何巧妙地與上司接觸，是一門不簡單的學問。

這種時候，你要表現出自己的優點來。如果自身口語表達能力強，就該在談話時突出語言的邏輯性和流暢性；如果你的專業能力強，談話時就要說得詳細一點，主動介紹一些與自身專業相關的事物；如你多才多藝，又恰巧碰到同樣多才多藝的

上司，不妨「拜師學藝」，討上司歡心，同時拉近彼此的距離，這是一種相當好的溝通方法。

除此之外，還可設法表現自己的忠誠與服從，儘量在交談上力求熱情、親切，講出你之所以附和上司的原因。一般情況下，上司們都會喜歡聽見你爲他的意見和觀點找出新理由，因爲這樣既表現出你的能力，又可爲上司臉上貼金。

下面，再提供與上司接觸必須遵守的幾項要點：

1.如果接觸機會不多，就力求讓每次接觸都有實質意義。

2.弄清上司喜歡的交流方式，適度地增加接觸機會。

3.選好主題，做出充分的準備，加重接觸的分量。

4.接觸之前，先找出自己溝通上可能存在的缺點，加以克制，以免造成上司的誤解或不耐煩。

遵循以上的原則與要點與上司接觸，你將發現彼此之間的距離不再那麼遙不可及，溝通，自然不再是難事。

「現在式」讓言語更真實

現在式聽來現實、新鮮、具體、深刻。不斷地反覆重疊使用，印象會越來越鮮明，令人分辨不出真假。

有一個滿肚子草包，長相也很醜陋的男人，卻能行遍天下，無往不利。原來他的妙招在於憑著自己的三寸不爛之舌，說出完全是「現在式」的話，表現出肯定的意旨，讓對方產生錯覺，帶給人們絕對的「現實感」。

下面便是他說過的話：

「直達車要在這裡設站，而且附近還有計程車招呼站，平坦的柏油路一直鋪到每一戶的門口，每十公尺裝一盞路燈，瓦斯管和自來水管全部都已經安裝好，住在這裡真是方便、舒服極了。」

這段話中，不僅沒有過去式，也沒有未來式，更沒有假設語氣，全部是肯定、平鋪直述的現在式。

現在式聽來有種活生生的感覺，現實、新鮮、具體、深刻。不斷地連續使用，反覆重疊，帶給對方的印象會越發鮮明，令人分辨不出眞假。

對於這種感性的交流，女性的抗拒心理多半不會太過於強烈，現在式的表現法，正可以在她們身上大行其道。

大多數女性並不喜歡冒險，比男人現實得多，對於確保目前的狀況，遠比對於未來預期的幸福更加重視。因此，對她們講話，一定要表現出具體肯定，不能總是模稜兩可，更該避免欠缺實證的推測假定。

讓任何聽話的人都「覺得」你說的話實實在在，而不多加疑慮，就是使對方深信不疑的小秘訣。

說話不得體，傷害的將是自己

想法和行為必須要一致，如此才能夠帶給別人和諧的感覺，也們才會願意聽你把話說完。

討厭一個人，並不一定需要在言辭上聲色厲疾，大聲吆喝，很多時候可以使用「口是心非」戰術，表明自己的不快。

有一位出名的花花公子，每次打算與同居的女子分手，總是這麼說：「我喜歡妳，妳眞是個好女人。」

口頭上雖然濃情蜜意，表情卻是冷冰冰的，對方聽了就明白這段關係該告一段落，必須悄然引退。

日本知名作家吉行淳之介，對於由「口是心非」戰術引起的不愉快，有一個比較突出的解釋：「所謂的不愉快，並不是當你蹲在廁所裡方便時，被一位妙齡女郎猛然推開門的那種錯愕，而是當你孤單一個人投宿旅館時，聽見一陣敲門聲，接著走進來一位類似應召女郎的妖艷女子。她雖然連聲說：『對不起，對不起，我走錯房間了。』可是卻一直賴在房裡不走，那才是真正的不愉快！」

運用「口是心非」戰術，就在於造成強烈不快感受。

這無異是一種內在和外在的相互衝突，足以引起對方精神上的震驚和不悅，並造成效果長遠的震撼。

當有聲的語言和無聲的想法相互矛盾，便是種不誠實的行爲，女人最討厭面對這種態度。對於女人，應用此類戰術多能奏效，幾乎萬無一失。

但是這方法不能過度使用，用多了會讓自己迷失本性，等到人人都以爲你就是這種人時，必會受到大衆唾棄。

《推銷員須知》的第一章，開宗明義地說：「說話時要不斷注意自己的聲音，聲音如果太小，客人聽不清楚，如果太大聲，說不定客人會把嚇跑。」

這也正提醒我們想法和行為必須要一致，如此才能夠帶給別人和諧的感覺，他們才會願意聽你把話說完。

語言的心理戰術，要善自為用，更應得當使用，如此才能夠幫助你打好人際關係，成大功、立大業。

切記，如果使用得不得體，將足以完全毀掉你自己。水能載舟，亦能覆舟，說話之前，少不了謹慎三思。

輯9.

站在別人的立場溝通想法

「用我們想去影響的人的立場來看」
是最有效的溝通辦法；
相反的，若是只顧著傳達自己的意見，
卻不考慮對方的立場，那結果必定很糟。

站在對方立場，就不會雞同鴨講

說話時，主題必須要明確，不然對方是不可能會明白你的意思的。你應該把想要訴說的事，簡單明瞭地整理出來。

人際關係作家霍夫曾說：「想要成功溝通，其實沒什麼秘訣，關鍵就在於你是否懂得站在對方的立場看問題。」

的確，懂得站在對方立場看問題，說話之時就能從對方的角度切入，彼此的溝通就不會變成雞同鴨講。懂得站在對方的立場說話，除了可以讓對方感受到你處處替他設想，不再與你針鋒相對，同時也可以讓跟你唱反調的人化解敵意，讓即將破局的事情出現轉機。

如果說，說話方式會顯現出你的人生風貌，你會相信嗎？

說話的方式、口氣、話題選擇、說話的組織能力、是否站在對方立場設想……等，這些總和都會決定人生的好與壞。這些說話之時的各種模式，經過每天不斷的累積，最後都會和你的生活方式息息相關，你每天怎麼過日子，是什麼樣的人，在大衆面前都會一目了然。

說話，其實就像畫畫一樣。對畫家來說，最基本的事就是如何構圖才能吸引人的目光，一幅優秀的畫，包括各個物件的配置、各種明暗狀態都必須協調，才能成功地突顯出主題。

說話也是如此，如何創造聆聽者的興趣、信賴與欲求，讓他們接受自己的說話模式，接受自己的觀點，是說話的一方必須勤加研究的功課。因此，如何組織話語來讓人聆聽，便是一門學問了。

你可能會說：「說話的結構？這聽起來很難、很複雜！」

其實，如何拆解這種結構，是可藉由學習去了解的。

說話的結構就和垃圾分類一樣，垃圾可大約分爲資源回收與一般垃圾，一般垃圾又可分爲可燃垃圾與不可燃垃圾、大型垃圾等，而不可燃垃圾又再細分爲玻璃類、鋁罐類……像這樣整體與細部的關係，是一種連繫狀態。

你可以把它們當作是說話的結構，那就變成了：

1. 想要訴說的內容便是主題。

2. 支援主題的是主要論點。

3. 支援主要論點的是說明。

依此類推，當你在組織話語時，可將整體分成幾個部分，再將各個部分分成細部，而然後協調地將它們融合在一起。

說話時，主題必須要明確，不然對方是不可能會明白你的意思的。

當你的話主題不明確或沒有主題時，就好像是在說：「我沒有任何意見。」或是「隨便你怎麼解釋吧。」

這樣非但無法讓對方信服，也不可能說服對方了。你應該把想要訴說的事，簡單明瞭地整理出來。

主題是否明確，和是否能以三言兩語來表達清楚有關。你不妨將自己想說的事，用二十字左右來表達看看吧！

一般人在和別人談話時，最常出現的毛病，是咬字不清與滿嘴口頭禪的問題。咬字口齒不清，對聆聽者來說是非常痛苦的事，他們必須豎起耳朵才知道對方到底在說什麼，而且必須要極度的集中精神。

可是，這種對方說話的集中力是無法持久的，通常一陣子之後，他們努力想聆聽的心情就會萎縮。

在這種情況下，他們連聽話都興趣缺缺了，更不用說要對他們傳達想法、吸引他們或說服他們了。

有些人會說：「我的聲音是天生的嘛！改也改不了！」

不過，天生的聲音也有可能變得更清晰明瞭，最重要的就是記住正確的發音，關鍵點就在下顎的開啓方式。

記住了正確的發音，再讓聲音抑揚頓挫，用腹部來發出聲音，就可以讓自己口齒清晰。如果時間允許的話，每天不妨花二十分鐘來朗讀書本或報章雜誌。

努力用口齒清晰的聲音來說話，可加強自我表現能力。

至於口頭禪，最好不要出現爲宜。雖然有人的口頭禪能表現自我的魅力，但一般來說，聽起來都是刺耳的，會分散掉對方的集中力。

想要改善說話品質，可以請親朋好友幫忙注意自己說話時有沒有口頭禪，或者是在心中強烈地提醒自己。

很多人都常會不經意地脫口說出：「對呀，對呀……」「我告訴你喔……」等等口頭禪，在無意識之中會重複說著同樣的話，會讓人聽了煩不勝煩。

總之，你必須要改掉自己的口頭禪才行。

站在別人的立場溝通想法

「用我們想去影響的人的立場來看」是最有效的溝通辦法；相反的，若是只顧著傳達自己的意見，卻不考慮對方的立場，那結果必定很糟。

領導者的職務除了規劃組織整體的發展方向，最重要的是要激勵屬下的積極性，讓他們心甘情願地遵從自己指示，透過團隊合作的方式來實現計劃。

要使屬下按照自己希望的方式去做，最佳方法就是要多與那些自己想影響的人交換看法，而且要用對方能接受、能聽得懂的方式來表達自己的意見，如此才能達到溝通的效果，領導者也才能發揮自身的影響力。

事實上，在各個領域的溝通上，都必須要注意這一點，否則即便花再多心力都是徒勞無功，以下這些事例正可印證此點。

伍茲先生在一家廣告公司擔任撰稿員兼主任，某次接到一家皮鞋廠的合約，負責製作電視廣告。可是，該廣告推出一個月後，皮鞋廠就發現它的廣告效果非常有限或說毫無用處，於是大家都把精力轉移到對廣告的檢討上。

經過對觀衆進行調查後，發現僅有百分之四的人認爲它很好，但其他百分之九十六的觀衆都不置可否，或認爲毫無價值，甚至有數百名受訪者回答說：「這廣告挺奇怪的，它的節奏像紐奧爾良樂隊清晨三點鐘演奏的聲音」、「我的孩子很喜歡看電視，但這個廣告一出來，他們就跑到浴室或冰箱那兒去了」，或是「我認爲這個廣告太做作」……

然後，再分析了這些受訪者的資料後，得出一個有趣的結論，那百分之四的人在收入、教育、社會經驗與個人興趣方面與伍茲先生極爲相似，其餘百分之九十六的人則來自各個階層。

花費大筆宣傳費用的廣告，卻因伍茲只考慮自己的興趣而糟蹋了，這是因爲伍茲在製作廣告時，只想到他個人買鞋的觀念，而未注意其他人的想法，所以廣告只

符合他個人的喜好，卻不能獲得大衆的好感。

相反的，倘若伍茲一開始就問自己：「如果是別人會如何選鞋呢？」相信這個廣告的效果會大不相同。

喬恩小姐失敗的情況則是另一個例子。喬恩漂亮聰明，受過良好的教育，大學畢業之後，在一家平價百貨公司成衣部擔任採購員，師長們在介紹信中都給予她很高的評價，認爲她有企圖心、天分與熱忱，一定會獲得成功。

可是，喬恩非但沒有成功，反而只做了八個月後就改行了。上司對她的評語是：「她的確是個很好的女孩，性格也不錯，但她犯了一個很嚴重的錯誤。她總是買些自己喜歡而顧客不會買的東西，老是依據自己的好惡決定樣式、顏色和質料，而非以顧客的喜愛作爲選購標準。當我提醒她時，她卻說：喔！他們肯定會喜歡的，因爲連我都十分喜歡啊！」

喬恩的家庭環境相當富裕，也非常有教養，因而她無法以中低收入者的觀點來評價服裝的優劣，採購的衣服都不適合在平價百貨公司中出售。

以上兩個例子都說明，領導者要讓屬下做自己希望他們做的事，就必須站在他們的立場，用他們的眼光來看。

一位年輕的徵信部門主管也曾有過類似的例子，他說：「我擔任經理助理時，負責處理逾期不付款的客戶催收信件。他們原有的催收函均措辭強硬，甚至帶有恐嚇意味，我邊看邊想：『天哪，假如有人寄這樣的信給我，我一定會發瘋，而且絕不想付這筆錢。』因此，我用和緩的語氣與禮貌的措辭改寫了催款信，結果非常有效。站在顧客立場上的信使我的催收業績破了紀錄。」

領導者應記住這樣一個問題：「如果我是他，我會怎麼呢？」這會有助於你的成功。「用我們想去影響的人的立場來看」是最有效的溝通辦法；相反的，若是只顧著傳達自己的意見，卻不考慮對方的立場，那結果必定很糟。

某家公司發明了一種不易被燒斷的保險絲，訂價爲兩美元，還請來一位名廣告製作人做促銷廣告。當那位製作人著手進行時，就有人告誡他保險絲不適合用「情感訴求」的方式促銷，更何況大家都希望買價錢便宜一點的保險絲，可是他卻不聽，仍做了一支感性又高質感的廣告，結果這支廣告只維持了六個星期便「叫停」了，保險絲的銷售狀況非常悽慘。

會造成這種情況的原因是，廣告製作人用他年薪百萬元的眼光去做這支廣告，結果當然無法得到那些年薪幾十萬元的一般民衆的青睞；他製作的那支廣告也許能得到不少上流社會人士的喜愛，但是因爲無法打入普羅大衆的心，自然也就達不到預期中的宣傳效用。

要成爲成功的領導者，就要培養「隨時跟那些你想去影響的人交換看法」的能力，而且更重要的是注意自己的態度，要站在對方的立場上傳達自己的想法，要考慮並且理解別人的處境。

想要成爲優秀的領導者，就得設身處地爲他人著想。因爲，屬下的背景、經歷、興趣可能與你大不相同，所以當你和屬下交換看法或傳達指示時，要先問自己：「如果我是他，我會怎麼想呢？」如此才能發揮最大的效果。

懂得「是」的技巧才能達成目標

應該提出一個溫和的問題讓對方回答「是」，如此談話就能繼續，你也才有機會說服對方，讓對方接受你的看法。

世界上有不少善於言談的領導者，但說話有分寸的人卻不多，對領導者來說，言談得體、把握分寸是十分重要的。

言談得體的關鍵之一就是要使聽者高興，關鍵之二是不要只顧自己說話，關鍵之三是要引導別人有目的地談話。

和部屬或同事交談的時候，不要一開始就提出異議，要不斷強調你們共同的話題。不斷強調共同點是因爲彼此都爲共同的目標努力，而不是要彼此爭論，唯一的差異就只是方法或途徑的不同而已。

因此，當你們開始談話時，要儘量使對方說「是」，而不要使對方總是和你的態度相反，一味地說「不」。

一個懂得說話的人在和別人交談時，能一開始就得到「是」的反應，接著會把聽眾的心理引入肯定的方向。好像打撞球，如果從這個方向打，它便會往那個方向偏，而你要想使它反彈回來，就得花更大的精力。

這種心理反應是很明顯的。當一個人說「不」時，整個身體如內分泌、肌肉、神經等等，完全是呈現一種拒絕接受的狀態，優秀的領導者能看出對方的身體產生一種收縮或即將收縮的情況。

但是，當一個人說「是」的時候，卻與上述的反應相反，他的心理、神經、肌肉都不會有緊張的反應，整個人都呈現前進、接受和開放的狀態，唯有這樣，領導者的言行才能被別人接受。

因此，領導者在談話時，部屬回答越多「是」，越能達到談話的目的。

善用這種「是」的方式，能輕易說服別人，並讓對方樂意地接受你的觀點。如果對方能從一開始就保持說「是」，談話就不易產生爭執，也就不用費盡唇舌地去說服對方接受自己的意見了。

「雅典的牛蠅」蘇格拉底是個口齒伶俐的老頑童，可是他徹底地改變了人們的思想，還被稱爲卓越的演說家之一。他的方法是什麼呢？他是否對別人說他們錯了，而拚命糾正對方的想法呢？

其實剛好相反，他的方法就是善用「是」的技巧，先得到對方「是」的回答，然後他就能提出一個接一個的問題。

因此，聰明的領導者想說服別人的時候，不要忘了連大哲學家蘇格拉底也使用的技巧，應該提出一個溫和的問題讓對方回答「是」，如此談話就能繼續，也才有機會說服對方，讓對方接受你的看法。

唯有愚蠢的領導人才不懂得變通，而老讓對方說「不」，如此，自己的看法永遠也無法傳達出去，自然也就無法領導別人了。

人際間的爭執，處理要明智

無論狀況多麼嚴重，都會有解決的方法，因此不該逃避問題，要以積極態度展開溝通，以求消除分歧，達成共識。

朋友相處，難免會碰上一些「麻煩」，如爭吵、彆扭、意見不合、經濟糾紛等等。如處理不好，就會造成友情破裂，甚至反目相向；處理得及時妥善，則多半可盡釋前嫌，和好如初。

糾紛的產生是正常的，能否及時妥善處理最爲重要。

與朋友發生爭論時，正確溝通態度應該是「求同存異」。「求同」，以在爭論中提高自己的論點可信度；「存異」，以客觀容許多種不同的看法存在。

無論如何，切記不要正面衝突，並應致力於緩和氣氛。畢竟正面衝突多半無益於溝通，徒然使雙方都感到難堪，下不了台。

如果不幸和朋友間出現爭論，必須秉持這樣的態度：針對重要原則問題，可以心平氣和並開誠佈公地討論，若只是細枝末節的東西，大可不必浪費力氣，非要爭個你死我活，分出勝負不可，因爲這麼做沒有意義。

即便是親密的朋友，因見解殊離產生對立也是正常不過的事情。分歧產生難免導致某種程度上的疏離，這時候，若想繼續維持彼此的情誼，就該遵循以下原則，主動和朋友溝通。

- **繼續保持忠誠和信任**

不要因爲觀點存在分歧而詆毀對方，這是沒有氣度的行爲。基於道義，你還是應儘量維護朋友的威信、觀點，幫他說話。

- **暫時拉開距離**

儘量使雙方的分歧維持在「冷凍」狀態，讓時間和事實來證明究竟誰是正確的，誰是錯誤的，避免讓糾紛繼續擴大。

•保持平等和尊重

不要固執地認爲自己的想法一定是對的，別人一定是錯的，更要記住一點：朋友之間沒有高低之分。就算自己眞的是對的，也要給對方應有的尊重，千萬不可表現出得理不饒人的尖銳態度。

•積極尋求解決之道

時間愈久，分歧可能導致的副作用就越大。

無論狀況多麼嚴重，都會有解決的方法，因此不該逃避問題，要以積極態度展開溝通，以求消除分歧，達成共識。

主動，比較容易使人感動

與朋友相處過程中採取主動，不但不會損及面子，反而更能顯現出自己的大度和寬容，採取主動較容易使人感動，更有利於成見的消除。

爭執是友誼的一大殺手，因此在平日就該要求自己保有冷靜態度，並提高修養。而在糾紛發生後，則該以寬容、積極的態度釋出善意，透過成功的溝通修復彼此的感情裂痕。

與朋友建立關係不是容易的事情，卻往往因爲一點點小彆扭就完全毀掉，實在非常可惜。

若是與朋友發生糾紛，已經不是三言兩語能夠化解，且陷入進退兩難的嚴重僵局，可採取以下溝通對策：

● 保持冷靜

第一要務是得讓自己激動的情緒穩定下來，因爲只有冷靜才可能保持理智，客觀地、實際地與對方修好。

若在氣頭上，絕對記得不要貿然行事，以免後悔。

● 自我反省

實事求是地反省，分析自己的責任，不推諉，不放大，有一是一，有二是二，對的堅持，錯的改正。

特別注意，看待自己的缺點、錯誤和失誤，不要抱著得過且過，過度寬容放縱的輕率態度。

● 不翻舊帳

能做到不翻舊帳，才眞正具有度量。

不論雙方鬧僵的原因是什麼，都應予以諒解，萬不可在這些細節小事上爭個半天，互揭瘡疤，最後惱羞成怒。

要有不翻舊帳、不揭人短，「過去就過去吧」的氣概。

●積極修好

一般說來，原本關係密切良好的一對朋友會鬧僵，絕對是雙方都有責任，只在程度大小與情節輕重的差別而已。

因此，無論如何都應當主動承認錯誤，去和對方溝通，設法和好。

與朋友相處過程中採取主動，不但不會損及面子，反而更能顯現出自己的大度和寬容。換個角度來看，採取主動較容易使人感動，更有利於成見的消除，使重修舊好獲得成效。

審慎應對棘手的經濟糾紛

雙方坦誠相待，拿出誠意和善意，還是能夠達成一致的解決共識。抱持光明磊落態度，相信沒有解決不了的問題。

談錢容易傷感情，這似乎已經成了不變的「定理」。

與朋友、特別是要好的朋友間，最好儘量減少經濟上的往來。千萬別以爲借點小錢沒關係，試想，若你向朋友借錢，但最後還不了或沒按約定時間與數額歸還，可能導致什麼樣的結果？

毫無疑問，絕對會影響今後的長期交往。

隨著社會變遷，人際關係越來越複雜，近年來，朋友之間出現經濟糾紛的例子屢見不鮮，一定要審愼應對。

若與朋友產生金錢經濟上的糾紛，應把握以下原則：

●對症下藥

糾紛發生之後，一定要確實把原因弄清楚，看看是不是有什麼誤會存在於彼此之間，導致溝通不良。

另外要記得「親兄弟，明算帳」，大可把經濟往來的帳目全部向朋友交代清楚，讓他相信你沒有不可告人的隱情。

●堅決按約定或契約辦事

若事先已有口頭約定或是白紙黑字的契約，就該遵照以解決糾紛，因爲這是最好的憑據。

不要讓私情主導一切，否則極有可能導致之後更大的困擾。

●共商解決辦法

當經濟糾紛發生，固然不可輕率面對，不當一回事，但也無須抱持太過悲觀消極的態度。

只要雙方坦誠相待，拿出誠意和善意，還是能夠達成一致的解決共識。抱持光明磊落態度，不企圖欺詐、惡意使壞，相信沒有解決不了的問題。

●請求仲裁

若嘗試過各種方法後，雙方仍無法達成共識，找不出合宜的解決途徑，就只能訴諸仲裁機構或法院，按照有關法律或規範解決。但除非別無選擇，建議不要輕易採用這種辦法。

「渡盡劫波兄弟在，相逢一笑泯恩仇」，透過這句話彰顯出的氣度，相當值得我們學習。

當站得更高，看得更遠，你就會發現朋友之間種種不快和誤解都是微不足道的小事情，實在不必要耿耿於懷或者斤斤計較。

相互尊重，有利於溝通

人與人之間的溝通交流都是相互的，投之以桃，才能報之以李。要想贏得真正的友誼，首先要懂得寬以待人的道理。

很多人與他人交往時，常常產生一種錯誤的想法，認爲好朋友之間無須注重繁文縟節，越簡單越好，因爲彼此已經相當熟悉，親密無間，還講究太多就顯得過於見外了。

其實，這種想法是不對的，友誼的存續應該以相互尊重爲前提，不能有半點強求、干涉和控制。以下，是與朋友相處、溝通時的幾項禁忌：

• 對朋友不要過於隨便

再親密的朋友，也不能隨便過頭，否則維持友誼的默契和平衡將被打破。與好朋友相處仍要保持客氣有禮，才不至於傷了彼此的面子與和氣。

應對客氣些，就不會輕易踩到對方的禁區。若是過於隨便，自然容易引起隔閡、衝突。如果事出偶然，還好解決，一旦形成慣性，雙方必定會一而再再而三地發生不愉快，導致關係疏遠，友誼淡化甚至惡化。

無論是多好的朋友，仍要保持應有的尊重，講究必要的禮節，才是正確的溝通交流之道。

●不可過度苛求

現實生活中，任何一個人都免不了有缺點，因此更不該對他人苛求，強硬地要求別人按照自己的想法做出改變。一味堅持己見不僅不能達到願望，還會導致雙方關係緊張。

林肯年輕的時候，待人處世不夠謹慎，甚至有些任性。他不但常常寫信指責別人，有時還故意將信扔在鄉間的道路上，讓路人拾起、散佈。

後來有一次，他在《斯普林日報》上發表了一封匿名信，嘲諷一位政客，沒想到對方不是好惹的，看到這封信後火冒三丈、怒不可遏，馬上騎著馬找上門，揚言要與林肯決鬥，拚個你死我活。

林肯透過這件事情吸取了寶貴的教訓，從此，他非但再也不寫挖苦別人、傷害別人的信，也不再嘲笑或指責旁人了。不僅如此，還經常告誡身邊的朋友：「不輕易指責別人，**自己也就不會受人譴責**。」

「不輕易指責別人」成爲林肯最偉大的優點之一，值得每一位現代人借鑑。將「不輕易指責別人」的觀念套用在現代社會，也可以理解爲「不苛求別人」。畢竟我們每一個人都存在著一定的不足，不能做到某些事、達到某些目標，又怎麼能苛求他人呢？

人與人之間的溝通交流都是相互的，投之以桃，才能報之以李。要想贏得眞正的友誼，首先要懂得寬以待人的道理。

別因觸犯禁忌傷害了珍貴友誼

想與朋友保持牢固的友誼，就該時時提醒自己，避免踏入溝通的禁區，觸犯交際的大禁忌。

要想與自己看重的朋友保持長久的友誼，就要儘量減少犯錯或觸碰禁忌的機會。避免讓朋友感到被冒犯，可說是維持友誼、暢通溝通的基本。

若感到與朋友的交往出了問題，請先靜下心來檢討自己，是否犯了以下幾項容易導致溝通障礙的毛病？

•不顧隱私

無論你與某位朋友之間的關係再好，也不能亂動對方的東西，刺探對方的隱私。朋友之間也分彼此，必須保持應有的尊重。

朋友之物，不經許可絕不可擅用，否則朋友就算礙於情面不當面說破，內心也會產生厭惡、防範心理，自然而然破壞了雙方的友誼。

•不拘小節

與朋友相處，應力求談吐大方，不矯揉造作或輕慢無理。如果在朋友面前表現得過度不拘小節、不懂自制，將會使對方感到你粗俗可厭，從而產生輕蔑、反感等負面情緒。

有些人和朋友相聚時，容易信口雌黃，在朋友說話時肆意打斷，譏諷嘲弄，或顧盼東西，一旦出現這種情況，再親密的朋友也會覺得你缺少風度和修養，難免感到輕蔑。所以，在朋友面前應要求自己表現得自然而不失自重。

•沒有信用

一個沒有信用的人，會使人感到不可信賴，甚至因此失去友情。若是連小小的承諾都無法履行，又怎麼能讓人相信呢？

有時候，對於朋友提出的要求，你可能習慣性地想也不想就爽快應承，事後才發現無法完成，只好失信於人。

你可能根本不把這樣的「失信」當作一回事，認爲朋友必定能夠理解，但事實上並不盡然如此。

你若經常讓朋友掃興、失望，即使他們不當面指責，也會在心裡責怪，認爲你是個不守信用的人，並逐漸疏遠。與朋友交往，一定要重信守諾。

●不識時務

去朋友家拜訪，若遇上朋友正忙於其他要事，或正接待重要客人，千萬不要自恃熟稔，就不分時間場合誇誇其談、喧賓奪主。一旦做出這樣的事情，必然會使對方的印象大打折扣。

行事、言談一定要顧及場合，根據情況做出最合適的選擇，千萬不要讓對方對自己產生反感。

●言語刻薄

有些人喜歡在大庭廣衆之下炫耀自己，不惜將朋友的短處或痛處抖出，亂用尖刻詞語，盡挖苦、嘲笑、諷刺對方之能事，以博取衆人的注意。

可想而知，這種行爲會導致什麼樣的後果。若僅爲了一時的歡樂，落得得罪朋友、失去友誼的下場，實在太得不償失。必須切記，無論在任何場合、爲了任何目的，都千萬不可隨意譏笑朋友。

●固執己見

朋友相處，要懂得互相取長補短，向對方的優點學習，將所有的好意見充分採納。如果抱著驕傲態度，認爲自己無所不能、無所不知，輕視朋友的提議，必然會傷到朋友對你的感情。

不論中聽與否，朋友的提議都是本著好意爲出發點，你若冷淡不領情，會讓對方認爲自己不被放在眼裡，感情便會漸漸疏遠。

換個角度來想，多聽朋友的勸沒有壞處，畢竟再聰明的人也有疏忽的時候，多一個人幫助，看事情往往能更透徹，訂出的策略也會更高明。

正確地與朋友溝通，是加深友誼的根源。友誼可以很牢固，也可以很脆弱的，端看自己經營的態度是否仔細。

想與朋友保持牢固的友誼，就該時時提醒自己，避免踏入溝通的禁區，觸犯交際的大禁忌。

引人發笑，迴響會更好

如果能巧妙運用幽默感與優越感這兩項原則，那麼即使講的是刻板嚴肅的事情，也會引人注意、妙趣橫生、讓人發笑。

日本人千里昌夫先生，曾享譽日本歌壇，以一曲〈星光華爾滋〉轟動一時。

他是日本岩手縣人，每次出現在電視螢光幕前，節目主持人總是這樣介紹：

「歡迎我們的岩手之星！」

主持人話聲甫落，台上台下以及螢光幕前，必然會響起一片哄然大笑。

這句話能逗得觀衆大笑，是因爲「岩手」以落後、地廣聞名全日本，總是給人一種土氣鄉巴佬的印象，「岩手之星」的「星」自然非常不符合岩手縣給人的形象。鄉巴佬和大明星，怎麼看都像是八竿子打不著的兩樣事物。

正因將兩種差別甚遠、性質迥異的詞彙結合在一起，幽默感於焉產生，自然引人發笑了。

與人交談時，如果能夠把握這個原則，幽默感必會源源不絕。

笑，在任何場合都可以製造歡樂愉快的氣氛。

自古以來，許多專家學者發表過各種研究報告，其中都有一個共通點——優越感所在之處，笑聲必常相左右。

這就表示，讓人產生優越感，自然而然地，他便會發笑。

有很多例子可以證實這個原則，以下便是其中之一：

前日本首相池田勇人精於數字，但拙於外交。

有一次，在國會諮詢會議上把「禮節」（Etiquette）這個外來語說錯了，議員們大笑著問他是否知道出了什麼錯，他立刻答道：「喔！我不會說法語，所以我並不知道這個字的正確發音。」

這麼一答，議事場裡更是哄堂大笑了。

一次無傷大雅的幽默，在內閣政府陷入窘境的時刻，無形地替他化解了當時的緊張氣氛。

Etiquette這個字，英、法文中都有，池田首相是不是故意說錯，我們不敢妄自斷言，但是在別人聽來，心裡必定會下意識地萌生了「至少我沒有他這麼笨」的優越感，於是乎，大家都開心地笑了。

全體議員就這麼放了池田首相一馬，可謂是因禍得福。

池田以「顛倒立場」來製造優越感，由首相之尊的優勢地位，主動降至劣勢。用這種方法，更能增添逗人發笑的雙倍幽默效果。

擅於逗別人發笑者，一定都能了解這一點，並經常使用這種「給人優越感」的說話法則緩和氣氛，爭取支持。

小丑、相聲、喜劇演員等以逗人發笑爲業的人，在表演時都能秉持這個原則，連續不斷地製造笑料，讓觀衆樂不可支。

他們的手段、方法，不外乎使觀衆們產生一種錯覺，以爲這些表演者「絕不會這樣輕浮、瘋狂、沒有修養」，但是，他們的演出居然眞是這樣，如此突然，卻又如此自然！

巧妙運用幽默感與優越感這兩項原則，那麼即使講的是刻板嚴肅的事情，也會引人注意、妙趣橫生、讓人發笑。

親身實踐體驗，你必定同意：引人發笑，迴響會更好。

輯10.

先敞開心扉，才能進入別人的世界

風趣幽默又不失莊重，
是一個高明的說話大師必須注意的態度，
道貌岸然的談話模樣會惹人厭煩，
而過於輕浮的談話態度同樣會讓人反感。

表現突出就會受人歡迎

不做好自己本分的事，只是一味地希望自己能夠處處受人歡迎，而一天到晚都在思考交際的方法，這麼做實在是本末倒置。

有些人本性善良，卻由於不擅將自己的心意傳達給對方，因此常常吃虧。這些人爲什麼不擅於表達心意呢？

這是因爲當他們在說話、做事的時候，常常太過在意別人的想法，最後什麼話都不敢說、什麼事都不敢做，因而被人批評是個「神秘」的人。

大家都害怕萬一做了不該做的事，別人會投以異樣眼光，因而在憂讒畏譏之下，阻礙了一個人自由的情緒表現。

「如果別人認爲我不好，那就像世界末日了。」「被別人放棄了，我一個人就

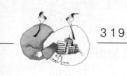

沒辦法活。」會有這種想法的人，都是不擅交際的人，他們往往會無可救藥地認爲自己十分渺小、不起眼。

因此，這樣的人如果想要巧妙地透過說話的藝術和人交往，就要自己想辦法從恐懼的陰影中走出來。

方法很簡單，只要你能改變自己的想法，看清事實。

你應該進行心理建設，要告訴自己：即使像耶穌基督或佛陀這樣偉大的人，也不見得能受到每個人的喜愛。

大家都希望能被人喜愛、工作有好的發展，也想要賺很多的錢，以免被人瞧不起，但要記住，不可以太過偏執，因爲我們並不是只爲了受人喜愛而活在這世界上的，而是爲了創造一些成就而活。

在工作上，最棒的事就是受人肯定了。因此，即使只有少數人喜歡你，但只要工作上表現突出，一定會有人主動接近你的。

相反的，無論你的交際手腕再怎麼好，話說得再漂亮，若工作方面表現得很差，別人就只會把你當作閒聊的對象而已。

不做好自己本分的事，只是一味地希望自己能夠處處受人歡迎，而一天到晚都在思考交際的方法，這麼做實在是本末倒置。

A先生和B先生都是業務員，但是由於和顧客交談之時，運用肢體語言的巧妙不同，業績也有明顯差別。

A先生在對方一開始說話或問問題時，都會努力去理解對方，表現出自己的誠意，而且會適時地點頭。

但在重要關頭時，他會收起笑嘻嘻的表情，以認眞的眼神凝視對方，將熱情與表情表現在肢體上，譬如時而探出身子、時而加強語氣地來讓對方更了解他的商品，然後再度恢復原來和顏悅色的樣子。

另一方面，B先生則是面無表情地說著話。他認爲不展露內心世界，對於談生意會比較有利，所以當對方在說話或問問題時，都保持著一張撲克牌臉，而且也不會點頭表示理解對方的意思。

在該發揮說服力的時候，他一樣沒有加強語氣、也沒有探出身子，客戶不能了解他在想什麼，也懷疑他是不是眞的來賣商品的。

這兩位業務員，哪一位的業績會比較好呢？

相信不用說你也知道，答案當然是A先生。

這個例子說明了表情與反應的不同，會造成兩極化的結果。

A先生的表情與態度非常豐富，他的和藹與認眞的眼神、誠懇的態度、熱情的語調等，充滿了交談之時應有的變化，而且他會巧妙地贊同對方的話，迅速地反應，以此來打動對方的心。

所以，要給人信賴感，都必須將你的想法、行動的模式明朗化。

對於不表現出眞心的人，我們都會感到不安。

你會花錢向你感到不安的人買東西嗎？應該不會吧！

很多人買東西，其實是在買「感覺」或者是「人情」，而且通常向那種能給你信賴感的人買。沒表情、沒反應，都會帶給對方不安的感覺，很難完成交易，這一點請不要忘記喔。

別急於突顯自己

用溫柔的言詞對待你身邊的人，用心的做好你手邊的事，如此一來要讓別人都不注意到你也是很難的事。

保持洽當的應對進退，有時候也是說話辦事之時應該注意的社交禮儀。

不管在日常生活或是工作場合，千萬不要只想到突顯自己而不考慮別人，這是維持良好人際關係最重要的準則。

只要我們的行爲得體，我們就能讓別人喜歡我們。

有的人擅於突顯自己讓別人印象深刻，有的則不太擅長。

或許有人每年都會寄賀卡給你，但你卻無法確定他到底是哪一位。

雖然從字裡行間，可以看出你應該曾經和對方很熟悉，但是，卻怎樣也回想不起他是誰、有什麼特色，也不好意思回信詢問他是誰，只好直接回寄一張賀卡，感謝他的問候和祝福。

有的人雖然久久才會寄一次賀卡給你，但他在你的記憶裡，卻如同昨日一般鮮明。如果有工作要託付，你腦中閃過的第一人選就是他。

每個人都會有想突顯自己讓別人印象深刻的慾望，但表現的方法卻各有不同，你用對方法了嗎？你是不擅突顯自己的人嗎？

不擅於突顯自己的人，大致可分爲以下類型：

第一種人是不會設身處地替他人著想，總以自我為中心的人。

他們可能會攔住急忙前往另一處的人，不管對方的時間是否許可，就拼命地說著自己的事；或是一廂情願地認爲對方絕對是記得自己的，就興高采烈的向對方報告自己的近況……等等。

也許他們的態度表面上是和善，但這樣的人，是不會讓人留下好印象。

第二種人是強迫型的。他們總是不顧他人想法，拼命地想表現自己。

例如，在集體面試時，自己只是一個勁兒的說話，完全不給其他人發言的機會，完全沒有警覺到這是一種強迫性的態度，根本稱不上是積極或是主動。

這種人其實大多是因爲他們的不安全感，讓他們以爲如果表現得不比人更顯眼，就無法生存下去。

你如果有「雖然被人家認同是再好也不過了，但不被認同，並不代表前途就此暗淡無光」、「不能因爲不被他們認同，就認定自己不被全世界的人認同」的想法話，就不會以強迫性的態度去突顯自己。

第三種類型是先發制人的人，他們會將競爭心理帶到職場或社交場合上，因而很容易引發夥伴的嫉妒心。

多數的上司會對於言談之間崇拜自己的部屬或後進，有特別寵愛的傾向，這是由於每個人多少都有些自戀成分，因此倘若部屬或後進以此佈下戰略，便容易讓他們上勾，贏得他們的偏愛。

由以上所舉的三種典型可知，在這世上充滿那種寧可帶給別人不愉快、也要突顯自己的人。要如何才能避免讓自己成爲這種人呢？

首先是，說話辦事之時要考量到別人的心情，有爲他人服務的精神。比如說，當同事因爲小孩要準備考試而操心，你可以將自己小孩推薦的優良參考書送他；聽聞晚輩的妻子生病了，你可以介紹醫院給他，表示你的關心。

不過，要這樣做之前，你自己本身的問題必須先得到解決。如果自己的問題都沒解決，就一味地服務他人，可能就會被批評爲多管閒事了。

再者則是爲了自己所屬的團體，去發掘每個可能發生的問題，並且透過言詞提出可行的解決方法。

例如，要舉辦尾牙時，你就可以表現出你的細心：「從公司帶一瓶酒過去怎麼樣？」「可以叫某某人一起來呀！」等等，爲了讓你所屬的團體感覺是融洽的，你必須要感覺敏銳，並且盡可能地照顧到每個人。

接下來，是要在說話之時適度地撒點嬌。

所謂適度，就是至少不要給人感覺太厚臉皮。

譬如，你可以說：「可不可教教我那個？」「我離開一下，如果有電話，幫我接一下好不好？」

這樣受託的人會因爲認爲自己受到信賴，被上司或前輩認可而感到開心，更樂於辦好你交代的事。一般而言，擅於突顯自己的人，也是擅於撒嬌的人。

最後就是在自己可以容許的範圍內，扛下別人討厭的工作。像是假日上班、開車接送、打掃、收拾爛攤子、處理客戶申訴案件……等等。

當然，這世上還是有人會完全不想突顯自己，寧願做個沒沒無聞的平凡人。千萬不要因爲這樣就認爲自己是低層次的人，因爲比起什麼事都不想努力去做，而只想被人家認同、只想突顯自己的懶惰蟲，你絕對要比他們高出許多。

總之，千萬別急著突顯自己，而是用溫柔的言詞對待你身邊的人，用心做好你手邊的事，如此一來要讓別人都不注意到你，也是很難的事。而強迫別人的眼睛看著你，只會讓你幼稚又無能的形象，深刻的烙印在人們的心中。

不要讓眼睛長在頭頂上

自大的人的特徵，就是他們非常缺乏實際的行動，他們只是光憑一張嘴說得天花亂墜，卻不會真正的把話兌現。

一味堅守自己的立場只會讓溝通陷入僵局，引發各種無謂的爭執和糾紛。要讓語言這項武器發揮最高戰力，就要懂得站在對方的角度，說對方最聽得進去的話語，間接傳達自己想要傳達的意思。

不尊重別人感受與立場的人，不管擁有如何高深的學識，最終只會引起別人的討厭與嫌惡，在說話辦事的時候很難達到有效溝通的目的。

說話辦事的藝術，其實就是態度上的不卑不亢。我們在論述自己意見的同時，如果能夠同時運用傾聽的技巧，表達出冷靜、理智且流露尊重對方立場的態度，無形之中就會讓彼此的交流愈來愈順暢。

大家都應該不太喜歡自大的人，所以也很難把自己真正的想法坦白告訴他們。因此，自大的人往往沒察覺到自己想法的不成熟，或知識的不足，更不用說發覺到自己缺乏學習與不明世故的一面。

自大的人會覺得，我可依自己的想法去解決所有的問題。一個人如果用這種自命不凡的態度來生活，必定會在無形中遭受許多的挫折，或錯失無數可貴的學機會。

而且，當你以這種態度過活時，周圍的人都會敷衍你，包括你的親人、朋友、部屬或學生。他們不會告訴你內心眞正的想法，而是在和你進行表面上的交往，只不過是你一直沒察覺而已。

每一個人都不喜歡得罪別人，所以不會有人來糾正你的自大態度。即使是上司也不想讓部屬討厭，他們寧可表面上對你說：「你表現得實在太棒了！」但心裡其實是這樣想：「這個驕傲自大的傢伙！」

自己是否很自大？若不時時認眞的自我檢討反省，其實是很難發現的。接下來，就提供兩個「線索」，讓大家做自我檢視一番。

首先是捫心自問：「我是否是一匹人人敬而遠之的狼？」

自大的人，大家都會不想接近他，所以會在不知不覺中變成孤單一人。如果，已經很久沒有人邀你去他家，或是邀你一起喝個茶，你就必須開始反省這一陣子自己的言行是否過當。

自大的人的第二個特徵，就是他們非常缺乏實際的行動，他們只是光憑一張嘴說得天花亂墜，卻不會真正的把話兌現。

例如，他們總把自己說得像日行一善的童子軍，卻從不會將筆記借給別人，不會把座位讓給老人，也不曾真心回饋過些什麼。

那麼，要怎樣才不會變成自大的人呢？

首先是時時增廣見聞，要深刻的體認到目前自己的想法或擁有的知識，在這個知識爆炸的時代中猶如滄海一粟而已。因此，要試著去了解自己做得到的事是什麼，做不到的事是什麼。

接下來就是和能坦白說話的人交朋友。如果做不到，可以多參加類似團體諮詢的活動，或是以不記名方式做問卷，寫出希望自己可以改進的地方。也許，你會發現經常有人會這樣寫：「不要老是誇大其詞、光說不練！」

學習從別人對自己的認知當中，爲自己的說話態度與技巧找到新的定位，是一個人成長必經的路程。

有時自己認爲是正面的部分，從他人的觀點來看卻是負面的。相反的，自己認爲是負面的部分，別人可能認爲：「那個人有這種優點，爲什麼卻那麼自卑呢？」這時，過度的謙虛反而會被視作矯情的表現。

我們想要在言談方面有所成長，就必須增長正面的部分、改善負面的部分，但我們很難明確或客觀地判斷哪些是自己負面的部分，因此追求互相忠告的人際關係是很重要，如果不把別人的金玉良言放在心上的人，是不會成長的。

成爲一個被忠告者，其實是值得高興的，因爲這表示責備或忠告你的人不管是家人、朋友、上司或前輩……等等，是眞正關心你的。

此外，當你被責備時，應該怎麼做才好？

首先就是要坦然地虛心道歉。倘若死不服輸或是不假思索頂撞回去的話，下次就再也不會有人指正你了。

接下來則是不要逃避責任，如果你把責任推到上司或同事身上，簡直就是犯了第二次錯誤，只會讓問題變得更加複雜、難以解決。

再者是不要情緒化，因爲一旦變得情緒化就容易嚇跑身旁的人，會讓自己的世界變狹小，最後只會讓自己孤立無援。不要把衷心忠告你的人都當作看不起你或有意貶低你的敵人，這樣實在太傻了。

另外，也不要死要面子，如果你突然惱羞成怒，對方可能會丟下一句：「隨便你好了！」就棄你而去。

最後，則是要思索他爲什麼要這樣對你說？

人沒有完美的，如果對方對你說的話令你很難接受話，你可千萬別認爲他是對你有所不滿，這時千萬要先冷靜一下，他對你說的內容可能很重要，要對事不對人才是成熟的做法。

與其煩惱，不如增強說話技巧

一味地留在原地煩惱，說話技巧是永遠都不會進步的，必須勇敢地挑戰。越覺得它是自己的弱點，你就越要去試。

很多人在參加講座或研討會時，都喜歡呼朋引伴地去參加，因爲這樣心情會比較輕鬆，有值得依靠的人在身旁會讓他們有安全感。

不過，想要增強自己的說話能力，越怕生的人越要獨自參加，因爲，一旦參加，就會和初次見面的人坐在一起，這樣，就需要開口和陌生人說話，下定決心做出的第一次改變，將會改變你的人生。

如果被要求要發表意見，不要畏畏縮縮，你應該欣然接受。因爲它所帶來的優點會比你預期的要來得多呢！

因爲如果有了可能會被人要求發表意見的預期心理，至少你不可能兩手空空地來參加，這時你會事前先把資料準備好。

雖然不見得一定順利，但它至少製造了一個讓你去跨出第一步的機會，也許當場你會因爲不擅言語而吃了苦頭，而且聽衆也許會有人露出不悅的神色。但無論如何，這對你自己來說，都是一種學習的機會。

初次嘗試發言的人在面對那種不耐神色時，只要當他不存在即可，因爲這表示他的傾聽態度不好。只要將視線轉換到一個好的傾聽者身上，就不會受到傷害。你可以一直不斷練習，直到你完全熟悉；實踐是最好的導師，說話能力不經訓練是不會進步的。演講的訓練是培養內心強韌度的最好辦法。

想增進說話技巧，不安、恐懼與訓練不足所產生的壓力，以長遠的眼光來看，都是達成目標的代價。

雖然應該避開事前就已預測到的風險，但在事情順利地進行到一半時，可以試著勇敢向它挑戰。如此一來，你的人生之路可能就此多了一個拓寬的機會。一味地留在原地煩惱，說話技巧是永遠都不會進步的，必須勇敢地挑戰。

沒有內容就什麼也說不出口，同樣的，沒有主題就不可能採取說話策略，如果只是徒有觀念而無實際行動，實在是太糟蹋了。

關於改善言談的對應方法，首先，是不要逃避代理機會。譬如說當上司要你代替他去其他公司拜會的話，那麼機會就來了，要好好現你自己最棒的一面，絕對不要浪費機會，因爲機會不是隨時都存在的。

另外則是向自己的弱點挑戰。人類最令人驚奇的一項特性，就是將負面改變爲正面的力量。越覺得它是自己的弱點，你就越要去試，當你克服了自己的負面及弱點的時候，你會發現驚人的成長幅度。

再來則是要向優秀者挑戰，這可不是說去找他人吵架。你可以在心裡，把你尊敬的競爭對手，以及讓你成長的敵手當作自己學習的目標，並以超越目標當作人生階段中的重要任務。

先敞開心扉，才能進入別人的世界

風趣幽默又不失莊重，是一個高明的説話大師必須注意的態度，道貌岸然的談話模樣會惹人厭煩，而過於輕浮的談話態度同樣會讓人反感。

我們會在某些社交場合中，看到正當大家談得興高采烈的時候，有的人卻心不在焉地站在一邊，露出僵滯的笑容胡亂點頭，一副若有所思的模樣。

這種人其實正沉浸在個人的幻想世界，不願加入衆人話局的人，其實，他們的腦海中無時無刻不在爲自己的利益打量。他們最關心的是自己的地位和前途，總是在腦海中盤算著如何才能更快速飛黃騰達，爬到更高的位置，獲得更多的財富，過更舒適奢華的生活。

這種人對別人的生活一點也不感興趣，只是礙於禮貌，虛僞地附和著別人的話語。對於週遭的事物，他們顯得冷漠淡然，彷彿置身於社會生活之外，心靈飄泊在某個遙遠的地方，腦海裡塞滿了自己功成名就之後的模樣。

唯一可以讓他們感興趣的，只有和他們有切身利害關係的事物。當別人談論到如何快速成功致富，他們就會馬上得興趣盎然；一聽到與自己沒有關連的事情，就顯得意興闌珊。正因爲這種人生活在自私自利、冷漠無情的自我幻想世界中，所以，總是像個戴著面具的人。

人必須敞開自己的胸懷，學會容納別人，才可能進到別人的世界，獲得別人的幫助。一個胸襟狹隘、自私自利的人，永遠都不能建立良好的人際關係。

如果你緊緊地封鎖了通往自己心靈的途徑，關閉了所有對外溝通和交流的渠道，那麼，你的人際關係就會被切斷，你和別人之間的談話，就只能是漫不經心的、馬馬虎虎的和機械單調的，不會帶有任何活力或感情。

我們可以見到，幾乎所有的成功者，成功的秘訣都在於他們能夠以生動有趣的語言，有效地表達自己思想。事實上，對他們而言，表達能力就是他最大的財富，只要一開口說話，財富就會源源而來。

美國總統林肯是一位熱情而又風趣的說話大師，不管在任何人面前，他都能表現得詼諧幽默，使人如沐春風。他說話的時候，會用生動有趣的小故事和笑話，使得人們徹底放鬆緊張的心情，所以，很多人在他面前都感到非常輕鬆自如，願意敞開心胸和他深入交談。

林肯之所以能成爲受人歡迎的說話高手，要訣在於，他懂得藉著幽默感，增強了自己談話的感染力。

但是，並不是每個人都像林肯一樣幽默風趣，如果你缺少幽默的天賦，又刻意想製造幽默效果，往往會適得其反，有時還會讓自己像個馬戲團小丑。

一個優秀的談話高手，說話的時候不能擺出一副嚴肅的表情，或者不苟言笑，也不要老是舉一些枯燥乏味的例子或說一堆雜亂的數據，因爲，枯燥乏味的例證和統計數據，只會令人心裡覺得沉悶和厭煩。

風趣幽默又不失莊重，是一個高明的說話大師必須注意的態度。因爲，道貌岸然的談話模樣會惹人厭煩，而過於輕浮的談話態度同樣會讓人反感。

因此，要想成爲一個優秀的談話大師，態度必須自然而不造作，風趣而不輕浮，既不惺惺作態，也不故意賣弄自己的才華。

你必須感覺到自己充滿樂於與人交往的熱誠，找出別人感興趣的話題，如此才能打動對方的內心，牢牢地抓住他們的注意力。如果你表現出一副冷漠、拒人於千里之外的模樣，根本無法獲得別人的共鳴。

想要使交談的對象靠近你，就必須開啓自己的心靈，並且以最自然的說話方式和對方交流。你必須先敞開心扉，別人才會以相同的態度回應，如此一來，你才能進入他的內心世界。

無論你擁有多高的天賦，受過多高深的教育，穿著多麼光鮮亮麗，擁有多龐大的財產，如果無法用優美而恰當的語言來表達自己的思想，你的人生注定乏善可陳。

訓練幽默感的五大重點

笑容會讓人開心，即使你自己很沮喪，只要試著露出笑容，心情就會開朗起來，這是幽默的最基本條件。

很多不善言詞的人一聽到幽默的話語，心裡不禁會想：「如果我也能講出那麼好笑的話就好了！」

所以，就有許多本來沒什麼幽默感的人，爲了讓聆聽者發笑，故作幽默地說一些低級無趣的葷笑話，或是讓別人笑不出來的冷笑話，有時候反而會惹來大家的不悅，或是破壞了當時的氣氛。

其實，眞正的幽默感，是自然地醞釀出來的東西，唯有自然流露的幽默感，才有可能讓聆聽者的心靈緩和下來，彼此充分溝通。所以，想要言談幽默，首先就先期許自己做個幽默的人吧！

那麼怎樣才能成爲一個幽默的人呢？

具體來說，大略可分爲以下五種方法：

1.將自己心中的「完美主義」趕出去。

對凡事都要求完美的人，不太可能具有幽默感的。因爲如果沒有一定程度的包容，幽默感是不會產生的。

人生難免有失敗，失敗有時會讓人生更精采，如果你自己都無法認同失敗的存在，就無法成爲具幽默感的人了。

2.凡事要有開朗樂觀的想法。

人類有的樂觀、有的悲觀，如果你是屬於悲觀的人，不妨想想，悲觀幾乎不會改變事實。如此一來，還有什麼好悲觀的呢？

人要擁有樂觀的想法，想法樂觀的人會比較開朗，也比較有彈性，也已經具備

了醞釀出幽默感的特質了。

3.不要將失敗的經驗累積在心中。

每個人在做一件事時，一定都希望成功，可是難免還是有失敗的情況。一般人不可能期盼失敗降臨，然後將那些失敗的經驗放在心中，再去跟人家分享的。可是，從逆向思考的角度而言，你將你的失敗經驗告訴別人，如果不是什麼太嚴重的失敗，他們絕對會開懷大笑的。

因爲，我們都喜歡別人的失敗經驗，但是自己經歷了一模一樣的失敗，卻無法主動開口。因此，這些失敗的經驗如果由你自己說出來，別人就會覺得你是個懂得自我解嘲，有幽默感的人。

4.消滅負面的妄想情結。

如果不加以約束，大多數人的心裡會慢慢浮現妄想的情結。這種妄想並不會帶來任何利益，只會讓心情更灰暗，這樣就不會產生出幽默感了。一旦你產生了妄想，不妨提醒自己去消滅它。

5.表情很重要，不要忘記笑容。

笑容會讓人開心，即使你自己很沮喪，只要試著露出笑容，心情就會逐漸開朗起來，心情開朗是幽默的最基本條件，不要忘記要隨時保持笑容。

無意間說出的一句話，可能會讓你的人生變好或變壞，短短的一句話，也會讓一個人幸或不幸。你在和人說話時，是否都曾意識到每句話的重要性呢？

就因爲不是每個人都經得起開玩笑，所以，想要成爲一個幽默的人，不要開別人玩笑，而應該試著對自己開點玩笑。

像是故意提到自己的弱點或自卑的地方，說一些誇張的話或俏皮的話，時而說出帶點諷刺的話……等等。

你可以經常找機會練習，想要說出具有幽默感的話，你自己就必須先成爲具幽默感的人才行喔！

如何向上司表達自己的意見

上司也是人，每個人都想要對方認同自己，所以即使他做了錯誤的判斷，也要表示認同他的人格及立場。

思想家賀拉斯說：「懷著輕蔑對方的心理，就會使你的話語充滿怒氣，不僅會傷害別人，也會傷害自己。」

試想，如果說話不分對象，對待什麼人都用充滿蔑視或憤怒方式，那麼勢必會爲自己招來禍端，也無法和別人好好地溝通。

就算這樣的人有著滿腹經綸，最後也會遭到上司冷凍或是解僱，最後淪爲只會成天發牢騷的社會邊緣人。

如何對上司表達自己的意見、卻不會讓上司沒面子的方法是很重要的。

相信很多人都會有過在無意間頂撞上司、讓上司惱羞成怒的經驗吧！

當上司對你說：「已經好幾天了，你也該做出個結論了吧？」

如果這時你卻回答：「這怎麼可能辦得到嘛！你看一下我們目前的現狀，應該馬上就知道不可能啊。」

也許當時的你還不夠圓融，所以才會依自己的情緒、說出完全不爲對方著想的話。試想，此時的上司會有怎樣的心情呢？

部屬的口氣如此無禮，對上司而言可是一大屈辱，因此他們會運用自己職務上的權力去暗整你，甚至還會威脅你，並且可能在往後的日子裡，也會用盡各種方法來挑你毛病，對你施壓。

像這種對待上司，並不會得到自己想像中的效果，反而會激怒上司，招致和自己預期完全相反的結果。

那麼，怎麼說才能提高效果呢？

其實，上司也是人，每個人都想要對方認同自己，所以即使他做了錯誤的判斷，也要表示認同他的人格及立場，這是最基本的態度，而且要以請對方聆聽自己想法的心情來應對才是。

你可以這麼說：「聽了課長的意見，我覺得很新鮮，原來還可以有那種想法。可是關於那個案子，我是這麼想的……您覺得如何呢？我很想聽聽課長的意見。」

這樣的說話方式，就不會讓上司覺得毫無面子，而且還能使他委婉地提出不同的想法和參考意見。

如果上司不容易流於情緒化，會冷靜地聆聽他人的意見，便能反省自己的言行和決策是否有錯誤。

如果這時的你能再來尋求他的建議時，就能讓上司更明顯地察覺到自己的錯誤，並得到修正與改善。

沉默是最好的反抗

必要時的沉默能製造懸念，為自己的反擊留下更多的空間，正如縮回來的手，一旦握緊拳頭打出去將更加有力一樣。

在談判或辯論中，有時候需要針鋒相對，有時候需要巧施「激將法」，有時候則需要保持緘默，以沉默的態度來迴避問題或是回敬對方。

用沉默這種無言的回敬方式，有時確實能震懾住對方，使對方感到心虛膽怯，不戰自敗，可說是一個相當不錯的談判方法。下面舉一個例子加以說明：

在某國的記者招待會，一位外國記者故意問：「請問貴國是否有雛妓問題？」主持招待會的代表說：「有！」沉默數秒後，又說：「過去曾有！」

可想而知，當第一個「有」字剛出口時，會引起多麼大的震撼，這樣的回答，肯定讓所有在場人士瞠目結舌。然而，經過幾秒鐘的沉默，最後那句話說出口時，人們才在沉默的驚疑中回過神來。

這幾秒鐘的沉默，使所有人都感覺到該國過去與現在的鮮明對比，因而產生出強烈的感染力量。

從這一實例可以瞭解到，有時候沉默並不代表語塞，抑或是語言溝通上突然出現阻礙，反而是一種非常高超的語言表達手段。如果運用恰當，它的效果會出人意料之外的神奇。以下這則例子也能證明這點：

二十世紀四〇年代中期，英、美、蘇三國首腦在波茨坦舉行會議。會間，美國總統杜魯門對史達林說：「美國已研製出一種威力非常大的炸彈。」

這句話的用意在於暗示美國已經擁有原子彈。杜魯門之所以這麼說，是想試探一下史達林對此的態度。

在杜魯門講話的時候，英國首相邱吉爾兩眼直盯著史達林的臉，觀察他的反應。

史達林像是故意裝聾作啞，臉上依舊毫無表情，並保持沉默。

後來，不少與會人士回憶當時的情況，都說：「史達林好像有點耳背，根本沒聽清楚杜魯門的話。」

但事實是如何呢？其實，史達林不僅聽清楚了這句話，並且聽出了這句話的真正含義。會後，他對莫洛托夫說：「我們應該加快工作進度。」

史達林爲什麼刻意裝聾作啞？因爲在那種特殊情況下，任何方式的語言表達，都不如沉默來得有效。

請謹記：沉默就是最好的反抗。必要時的沉默能製造懸念，爲自己的反擊留下更多的空間，正如縮回來的手，一旦握緊拳頭打出去將更加有力一樣。因此，在談判的過程中善用「沉默的反擊」，將能爲你帶來極大的利益。

善用誘導讓顧客掏出荷包

採用誘導式的說話方式，目的就在於讓顧客不感到壓力與排斥，在根本不自覺的情況下，乖乖掏出荷包，將鈔票送到商家的手上。

一般而言，推銷員推銷商品的過程，只有一段短短的時間。在可能不過數分鐘的時間裡，你說出的話若能留住顧客並打動他的心，生意就算成交；留不住，買賣自然也就吹了，什麼都不用再談下去。

此外，在市場競爭中，該如何突出自己，把顧客吸引到身邊？答案很簡單，就是與眾不同的鮮明語言。一切的一切，都在要求推銷人員以具強烈誘惑性和渲染色彩的方式對顧客說話。

試著學習從言語中抓出重點，是提升說話技巧的好方法。

你可曾注意過？在大清早的市場上，魚販子的喊叫最初可能是「來買活魚，全都是新鮮的喔」，並設法極力突出「新鮮」二個字。但是，到了下午，眼看即將收攤，則可能變成「快來買呀！別地方沒有的便宜價錢唷」，此時，則在突出便宜這個重點。

推銷過程中，採取「誘」的技巧方式有很多，基本說來，可分爲「層層誘導」和「定向誘導」兩種。

●層層誘導

層層誘導，是指業務員根據顧客的購買心理，掌握推銷導向，不斷誘惑人的一種發話技巧。

無論是選擇逛商店、看電影，很多時候往往是因爲情緒的驅使，而非一定基於什麼特別的購買目的。當這一類的潛在消費者上門，最好適時送上一句：「歡迎看看喔！不買也沒有關係。」

邊這樣說，邊拿出商品展示，引發更進一步了解的興趣」。

然後，當顧客開始試穿或試用的時候，一定得再補上幾句得體的誇獎，諸如：「這顏色多適合您啊！襯得氣色非常好。」

從心理學的角度來看，人都喜歡接受他人的尊重與讚揚，推銷過程中，適時的奉承可以使顧客感到滿足。這時，伺機告知價格，並表示正有優惠活動，將可望激起購買慾望。

若是順利成交，別忘了再說上一句：「您眞有眼力，很識貨啊！」

層層誘導的發話藝術，必須遵循一個原則——不讓對方感受壓力，輕輕地、一層一層地推動，誘入推銷導向，促使完成購買行動。

●定向誘導

定向誘導，是指店員有目的地誘導顧客，以做出定向回答的技巧。

例如，有一家專賣漢堡的早餐店，因爲生意很好，特別雇用了兩名店員。其中一人在接待顧客時，會問：「請問您要不要加雞蛋？」

另一人則不同，他會問：「請問您要加一個蛋，還是兩個蛋？」問話的方式不同，造成的結果就會完全不同。哪一個店員能買出較多的蛋，達到較高的銷售成績呢？答案幾乎不言可喻。

第二種發話方式，就屬於標準的「定向誘導」。

「要不要加雞蛋」這一句話充滿了不確定性，而「加一個還是加兩個蛋」正好相反，有非常明確的定向，可以有效誘導顧客，提高擴大銷售的目的。

說話要看對象，當然也要看情況。

採用誘導式的說話方式，目的就在於讓顧客不感到壓力與排斥，在根本不自覺的情況下，乖乖掏出荷包，將鈔票送到商家的手上。

輯11.

閃避迎面而來的攻擊

不動聲色地沉著應對，看清楚對手攻來的方向，
看明白對手所持的武器，再伺機反擊。
萬一不幸避之不及，最好先求保命！

不要吝於讚美別人

適度、真誠、委婉、合情合理的讚美是去病除疾的良藥，言過其實的讚美會令人生厭，效果適得其反。

古人說：「快刀割體傷易合，惡語傷人恨難消」，說明出言不遜的人只會自食苦果，只有處處與人爲善，嚴以責己、寬以待人，才會建立與人和睦相處的基礎。

現實生活中，有些人不討人喜歡，四處樹立敵人。這並不是大家故意和他們過意不去，而是他們與人相處時總自以爲是，對他人百般挑剔，隨意指責。

如果你想成爲一個被人喜歡的人，就必須學會衷心地讚美別人。

有句話說：「人性中最根本的願望，就是希望得到讚賞。」

一個笑容可掬，擅於發掘別人優點給予讚美的人，肯定會受別人的尊敬和喜愛，這種人自然身心健康，生活、工作都十分愜意。

在日常生活中或職場上適時地讚美他人，會讓彼此的信賴關係更穩固，也會激發出工作意願。譬如女性最喜歡別人讚美她漂亮，簡單不費功夫的一句話，可是女性最棒的活力來源。

當然，如果要請別人幫你做事，讚美對方更是不二法門，即使讚美到他害羞的地步，也絕對不是壞事。

在孩子的教育上，那就更不需懷疑了。以責備方式來教導孩子，是不會有太大效果，還不如費一點心思，找出可取之處來讚美他。比起做錯事被責備，小孩子絕對會比較喜歡被讚美的。

一旦被讚美，就能增加自信心，會產生被認同的安全感，會讓人產生一股動力，因此我們應該儘量針對他的優點讚美他。

對於攻擊性的態度，一般人都會很自然地產生敵對的心理，對於親切的態度，他們也會產生友善的反應。如果是以施壓的態度接觸小孩，不管你說話再怎麼有趣，他們也不會聽你的。

大人其實也和小孩一樣，當你發現職場上有人拚命工作而得到優異成果時，都應該不吝嗇地讚美他。

千萬不要等他離職時，才說他是難得的人材，或是一個優秀的業務精英什麼的，這樣不僅不能激勵他，也對公司毫無助益。

提到讚美，我們經常在婚禮的致詞上聽到，新郎都是優秀分子、前途無可限量，新娘都是才貌兼備、勤勞持家的女性等等。雖然我們會把它當作是形式上的讚美致詞，但內心還是得十分高興。

不管如何，在儀式上我們已經習慣了充斥著瑰麗辭藻的讚賞，但在日常生活或職場上，我們都還不習慣讚美別人，因爲對於讚美都會直接聯想到，它是一種恭維或者巴結，因而產生抵抗感。

礙於保守的民族性，我們不像歐美人那樣會直率地道謝，讚美別人，反而很怕別人認爲自己別有居心；相對的，被讚美的人就算是事實，也會在嘴上謙虛地加以否定。

讚美至少是一種友好的態度，意味著溝通的積極表現。你不妨大方地接受對方的讚美吧！若覺得懷疑，多注意就好。

積極地讚美他人吧！它可以當作加強溝通的潤滑劑。雖然有人會覺得這樣太輕浮了，但這樣才能讓地球運轉得更順暢。

在職場上也試著利用讚美的功用吧！它和獎金不同，是不需要花錢的，而且還能得到很大的效果。

讚美必須要選擇時間與場所，否則可能讓被讚美的人產生被諷刺的錯覺。別忘了，一定要採取公開的方式，暗地讚美是毫無意義的。

適度、眞誠、委婉、合情合理的讚美是去病除疾的良藥，言過其實的讚美會令人生厭，效果適得其反。

潛心去研究讚美這門學問，一定會使你的心靈充滿喜悅與幸福，讓你的工作與生活充滿陽光和希望。

千萬不要逞口舌之能

想要成為優秀的說話高手，談吐必須機智得體，在製造風趣幽默效果的時候，千萬不要冒犯他人，否則就會適得其反。

有句諺語是這樣說的：「有斧頭，砍得倒樹；有理，說得倒人。」

有理能夠說服別人，大家都知道。事實上，就算無理，只要施展一些說話的小技巧，一樣可以憑口才取得勝利。

在這個有能力也要懂得表達自己的時代，想要和別人進行有效的溝通，就必須留意自己說話的技巧，用最動聽的話語，表達自己的意思，把話說到別人的心坎裡。

口才好，懂得站在對方的角度，把話說得恰到好處，就能左右逢源。相反的，若是不關心說話對象，不懂得說話的藝術，便註定處處屈居下風。

人如果不關心正和自己交談的對象的話，很難成爲一個受人歡迎的說話高手。懂得說話藝術的人，有時儘管話語說得很少，但卻能挖掘別人身上的優點，透過眞摯的讚美誘導對方開口說話。

他們和別人交談的時候，態度非常眞實熱忱，而且善解人意，因此，在他們面前，即使是個性害羞內向的人，也能輕鬆自入地侃侃而談。

他們解除了別人的心防，讓他們不再有所疑慮，使得他們能夠敞開心胸暢所欲言。大多數的人們都認爲，他們是一個風趣幽默的談話大師，因爲他們能夠挖掘別人身上最優秀的內涵。

倘若你想成爲一個四處受人歡迎的人，那麼，你就必須先旁敲側擊了解與你交談的對象，然後用他們最感興趣的議題來引導他們加入話局。

因爲，如果你的議題不能令談話對象產生興趣，那麼，你試圖拉近彼此心理距離的努力，將會徒勞無功。

有些人能夠準確地挖掘別人身上的優點，有些人則恰好相反，總是觸及別人隱隱作痛的傷口。

　　善於發現別人優點的人之所以受歡迎，就在於他們會使別人忘掉不愉快的事情，而且懂得喚起別人身上所具有的特殊優點。

　　想要成爲優秀的說話高手，談吐必須機智得體，在製造風趣幽默效果的時候，千萬不要冒犯他人，否則就會適得其反。

　　如果你想令別人感到自己的談吐詼諧幽默，除了鍛鍊自己的說話技巧之外，必須留意的是，千萬不能逞口舌之能戳傷別人的痛處，或者是嘲諷別人。

說話藝術是人際潤滑劑

口才代表一個人的自信心，也代表了一個人的思想、智慧，表現出一個人的人格特質，也是人際關係的潤滑劑。

《聖經》有云：「一句話說得合宜，就如金蘋果在銀網子裡。」

絕妙的說話藝術爲人鑄造了一顆金蘋果，但是金蘋果會不會落在銀網子裡，還得看聽話的人是什麼材質。

說話的最大技巧，便在於先培養「銀網子」的聽話藝術。說話不只是說好話，還得說別人聽得進去的好話！

有一次，一位才思敏捷的牧師進行了一場非常精彩的佈道，他說：「人類是上帝所創造最完美的作品，在座的每個人都是從天而降的天使，你我都是上帝眷顧的寶貝。因此，活在這個世上，大家要肯定自我的價值，善用上帝給予的獨特恩賜，去發揮自己最大的力量。」

聽眾當中有人不服牧師的說法，他站起身來，指著自己不滿意的塌鼻子，質問牧師說：「牧師先生，如果真像你所說的，人是從天而降的完美天使，請問我的鼻子為什麼麼會這麼塌呢？」

另一位嫌自己腿短的女孩也起身表示相同的意見，她認為自己的短腿應該不是上帝完美的創造，又何來天使之說呢？

台下議論紛紛，只見牧師神態自若地回答：「上帝的創造是完美的，而你們兩人也絕對是從天而降的天使，只不過……」

隨即，他指了指那名塌鼻子的聽眾，對他說道：「你在降落到地上時，讓鼻子先著地罷了！」

接著，牧師又指一指那位嫌自己腿太短的女孩：「至於妳，雖然是用腳著地，可是卻在從天而降的過程中，忘了打開降落傘。」

英國思想家培根曾經說過：「用適當的話語和別人進行交談，遠比言詞優美、條理井然更為重要。」

口才代表一個人的自信心，也代表了一個人的思想、智慧，表現出一個人的人格特質，更是人際關係的潤滑劑，藉由三言兩語，你可以實現自我，也可以把它轉爲解決問題的工具。

再精深再博大的學問，都不如說話的藝術來得有用！

口才好，進而揚眉吐氣，你的人生是彩色的；口才不好，人微言輕，就會活得忍氣吞聲，人生只是黑白。

說話是種藝術，我們總覺得自己做得還不夠好、不夠精練、不夠傳神，但正因爲它是一門藝術，它永遠都有可以改進之處。

閃避迎面而來的攻擊

不動聲色地沉著應對，看清楚對手攻來的方向，看明白對手所持的武器，再伺機反擊。萬一不幸避之不及，最好先求保命！

批評，其實是一種進步的動力，唯有透過別人的眼睛，才能檢視出自己的盲點，然後修正錯誤，重新整裝出發。

不可諱言的是，別人的批評一定帶有主觀的意見，難免會有偏激或謾罵的言論出現，這種情形特別容易發生在高層領導者的身上。因爲，高層領導者所做的決策，影響到的人數越多，對於每一個個體的需求與照顧也越難周全，當然，所遭遇到的批評與攻訐，也比旁人更多。

那麼，當我們不可避免要遭遇批評時，我們該如何自處呢？

或許，可以聽聽美國總統傑佛遜的答案。

有一次，德國科學家巴倫前來白宮，拜訪美國總統傑佛遜時，不經意間在總統的書房裡看到一張報紙，細讀之下，發現上面的評論，全是辱罵總統的攻擊之辭。

巴倫氣不過，抓起報紙憤憤地說：「你為什麼要讓這些謠言氾濫？為什麼不處罰這家報社？至少也該重罰編輯，把這個不尊重別人的傢伙丟進監獄。」

面對眼前氣得頭髮快要冒煙的巴倫，傑佛遜卻微笑著回答說：「把報紙裝到你的口袋裡，巴倫。如果有人對我們實現民主和尊重新聞自由有所懷疑的話，你可以拿出這張報紙，並告訴他們你是在哪裡見到的。」

想要終結毀謗，最好的方式就是不去辯解，讓謠言不攻自破。

身處越高層的人，所得到的掌聲與注目越多，相對的所受到的攻擊也會與日俱增，誰教你目標顯著？

正所謂「譽之所至，謗必隨之」，敵人一定會從你的弱點不斷地攻來，能否坦然處之，不正中敵人下懷，就得看你如何運用智慧去化解危機。

新聞媒體的負面評論，當然一定會帶來相當大的影響，但是並非全世界的人都相信該媒體的說法。所以，如果傑佛遜如同巴倫一般惱羞成怒，甚至利用自己的權勢對該媒體進行施壓、報復，不就反而讓人以爲他是心中有愧，被人刺中痛處，才有此舉動。

有些事越澄清越模糊，越解釋越讓人覺得可能還有所隱瞞，反而對自己不利，如此一來，麻煩揮之不去。

不如不動聲色地沉著應對，看清楚對手攻來的方向，看明白對手所持的武器，先側身避開要害，然後再伺機反擊，以子之矛攻子之盾，才能制伏敵人。

萬一不幸避之不及，最好先求保命，反正君子報仇，三年不晚嘛！

不好意思拒絕，會讓你更後悔

要在心裡默默地想著：雖然要維持別人對自己的好感，但就算喪失了，也不是什麼大不了的事！

拿破崙曾經說過一番膾炙人口的話：「要暗殺一個人，可以有各種不同的方式，用手槍、刀劍、毒藥，或者是道德上的暗殺。這些方式的結果都是相同的，只是最後一種更為殘酷。」

最常見的道德暗殺就是惡意的批評，以及背後說人壞話。

許多人在和討厭自己的人相處時，常常會患得患失地檢討自己可能哪裡做得不周到而讓對方如此討厭自己。如果被對方批評或聽到別人說自己的壞話時，就會感到沮喪，漸漸地喪失自信。

有一種人會把所有做錯事的責任都歸咎於他人，自己卻一副事不關己、充滿正義感或被害者的姿態，這就是無能者的特徵。

但是，當這種人稍微露出囂張的姿態來責備你的時候，你可能反而會不自覺地說：「對不起！」「我錯了，請原諒我！」

很多人都會不自覺地向自己討厭的人或是眞正做錯事的人道歉，日子一久，漸漸地，你會發現到自己的不愉悅，這時你便會開始逃避自己應該負起的責任。

此時，如果不立刻反擊對方或故意忽視對方存在，沒自我主張的話，那你的精神和健康狀態就會越來越差。

所謂的自我主張能力，就是將恐懼、不安、僞裝……等等的負面情緒及行爲釋放的一種作用。

和討厭的人相處，沒有自我主張的人就會產生不安感與緊張感，進而戕害自己的人格，這是一件不公平的事。

自我主張並不代表是幼稚、草率的表現，努力研究如何不和對方發生衝突的人，才是一個成熟的人。

那麼要怎樣才能當下明確地說出：「要」或「不要」呢？

其實，只要了解什麼是對自己來說是最重要的就夠了。也就是去區別，什麼是被批評也無所謂的事情，而什麼是被批評時不能悶不吭聲的事情。

不要時時刻刻被所謂的「不能讓別人認爲自己不好，身爲紳士或淑女是不能動怒的」這種想法牽絆。要在心裡默默地想著：雖然要維持別人對自己的好感，但就算喪失了，也不是什麼大不了的事！

就像現實生活中，有人因爲錯過了將「我愛你」說出口而後悔一生，也有人因爲無法說出「不」，而持續了並非本意的婚姻。

其實，這又何必呢？只要當下你做了傳達本意的動作，即使結果仍不是你想要的，至少你不會再後悔了。

適度的卑微，也是一種成功的手段

溝通的模式有千百種，唯有靈活運用智慧，看準時機，善用方法，才能胸有成竹地完成任務。

挺拔的大樹和柔韌的小草比較起來，的確是大樹威嚴強勢多了，但一旦颶風襲來，大樹卻往往難逃摧折的命運，反倒是那些看來柔弱不堪的小草，順風匍匐、搖曳，得以保全了自己。

其實，人生也是如此，強者不一定每次都能夠順利成功，硬碰硬的結果，很可能是兩敗俱亡，對誰都沒好處。

適度的卑微，在必要的時候，其實也可以是一種成功的手段。

愛因斯坦以提出相對論的理論而名聲大噪，但生活仍一如平日般樸實的他最討厭出風頭，面對接連不斷的作家採訪或畫家繪像的要求，他一概予以拒絕。

但是有一次，他卻改變了態度。

那一天，一位畫家前來請求為他繪製畫像。愛因斯坦照例以一貫的態度快速地回絕道：「不，不，我沒有時間。」

「但是……不瞞您說，我實在非常需要畫這幅畫所得的錢啊。」畫家表情懇切地拜託愛因斯坦說。

「喔，那就是另外一回事了，」愛因斯坦見狀，改變了態度：「我現在就可以坐下來讓您畫像。」

愛因斯坦是一位極重原則與個人隱私的學者與科學家，他生性淡泊、不喜熱鬧、討厭記者，以及絕不多話的特色，幾乎和他對於科學的執著鑽研態度齊名。但是，這名畫家卻能突破他的心防，使得愛因斯坦改變初衷，坐下來讓他爲他畫肖像——原本他極爲厭惡的事。

因爲，這位畫家掌握了愛因斯坦心地仁慈的一面，說話之時善用了自己弱者的形象，於是輕鬆地達到目的。

每個人自然而然地會對比自己弱小的對象放下心防，或許伸出援手，或許緩下毒手，因爲狠不下心。因爲，有弱者的存在，才能突顯強者。

這個世界不可能人人永遠都當強者，所以，有時候示弱並不算丟臉，而是一種高明的心理戰術。

吹捧有兩種方式，一種是哄抬別人，一種是壓低自己的姿態，後者就是善用弱者的形象，是爲了達到目的的手段。

這個例子說明了，溝通的模式有千百種，唯有靈活運用智慧，看準時機，善用方法，才能胸有成竹地完成任務。

建立人際關係，從「聽話」做起

聚精會神地聆聽博學多聞的人談話，不僅能增進自己的人際關係，獲得志同道合的朋友，也可以從中萃取豐富自己人生所需的養分。

波斯作家薩迪曾說：「口中的舌頭是什麼？它是智慧寶箱的鑰匙，只要不打開，誰都不知道裡面裝的是珠寶還是雜貨。」

言語對於大部分普通人來說，是用來交流思想的，但是，對某些聰明人來說，則是用來掩蓋思想的。

交談的藝術，不只是讓人聆聽的藝術，也是聆聽別人說話的藝術，因此，在交談當中，一個人獨佔全部的話題，是一種無禮且不合情理的錯誤。

千萬要記著，大自然賦予人一條舌頭和兩個耳朵，爲的是讓人聽到的話兩倍於說出的話，如此才可能增長自己的智慧和人際關係。

在現實生活中，有許多人不僅不懂得說話，也不懂得「聽話」。

現代人的生活步調太過匆忙，大都缺乏耐心去聽別人談話，有時根本就不尊重正在與我們交談的人。

和別人交談的時候，我們往往表現得心不在焉，極不耐煩地左顧右盼，或者玩弄雙手和身邊的物品，或者不禮貌地打斷別人的談話。

總之，我們老是恨不得趕快結束這次談話，趕往下一個目的地，和另一個對象進行相同的會話。

這種現象正代表著，我們懷著急功近利的心態，生活在焦躁不安之中，不曾爲自己和別人留下深入交流的時間，生活的壓力推促著我們盲目地前進，在熙來攘往的人潮中推推擠擠，想擠出一條康莊大道，以便朝著夢想中的名利權勢奔去。

因爲欲求不滿足而滋生焦躁不安，是現代人最顯著的特徵之一。

除了追逐權勢、名位、財富之外，其餘的事物都不會令我們產生興趣，反而讓我們感到厭煩。

很多時候，我們和別人交往，並不是以建立彌足珍貴的情誼爲基礎，而是以功利的角度來衡量他們對自己的價值，評估他們能爲自己帶來多少助力，能否幫助我們達成自己的目的。

生活的緊張、繁忙與庸碌，使我們認爲自己沒有多餘時間去培養待人接物應有的優雅禮儀，也沒有時間吸收別人的優點，增強自己的內涵與學識。

殊不知，這種膚淺的想法與行爲，久而久之，就會使我們成了言語無味、功利市儈的世俗庸人，缺乏吸引別人接近的魅力。

其實，聚精會神地聆聽博學多聞的人談話，不僅能增進自己的人際關係，獲得志同道合的朋友，也可以從中萃取豐富自己人生所需的養分。

如果，你渴望建立一流的人際關係，讓自己獲得更多友誼和助力，首先，你必須從專心聆聽別人說話做起，以虛懷若谷的態度尊重別人的言談。

學會「轉彎」說話的技巧

打過繩結的人都知道，要是不小心打成了死結，你越是硬扯，反而纏得越緊；想要解開繩結，必須左拉右扯一步一步慢慢來。

西班牙大作家，《唐吉訶德》的作者塞萬提斯曾說：「貓兒被捧上天的時候，也會以為自己就是獅子。」

確實如此，適時讚美別人是一種高明的處世技巧，從厚黑的角度而言，被你捧上天的人即使是一頭「綿羊」，有時候爲了顧及自己的面子，也不得不強迫自己發揮「老虎」的能力來投桃報李。

就算對方對你釋出的善意不置可否，至少也會降低心中的敵意。

阿珠與阿花是公司裡有名的世仇。阿花長得漂亮，加上做人八面玲瓏，因此即使做錯了事，別人也不忍苛責，因此造成了阿花凡事粗心大意、不拘小節的習慣，覺得做錯了反正也不會怎麼樣。

偏偏阿珠最厭惡這一套，她看不慣阿花凡事馬虎、敷衍了事的態度，因此處處針對阿花，只要一逮到機會便趁機諷刺阿花一番；因為如此，雙方水火不容，還一度鬧上了經理辦公室。

有一次，阿花又不小心延誤了工作，於是受到阿珠毫不留情地嚴厲譴責。顏面盡失的阿花，忍無可忍地對另一位同事說：「麻煩你幫我轉達阿珠一聲，請她不要給臉不要臉，改改她的臭脾氣好嗎？」

同事拍著胸脯向阿花保證：「這點小事全包在我身上！」

果然，從那天之後，阿珠對阿花的態度有了一百八十度的轉變，見到阿花不只會親切地微笑，同時也不再斤斤計較阿花工作上的小毛病了，甚至還不時主動傳授幾招業務上的小技巧。

阿珠的態度大幅改變，令阿花感到受寵若驚，於是她趕緊去向那位傳話的同事道謝。阿花問道：「你真厲害，到底是怎麼對阿珠說的？」

那位同事笑著回答說：「其實，也沒說什麼，我只不過是告訴阿珠：公司裡有好多人都稱讚妳，尤其是阿花，她說妳是一個實事求是，值得好好學習的榜樣呢！」

中國有句俗話：「冤家宜解不宜結」，也有一句話說：「解鈴還需繫鈴人」，只要繫鈴人用對了方法，再複雜的結也可迎刃而解。

打過繩結的人都知道，要是不小心打成了死結，你越是硬扯，反而纏得越緊；想要解開繩結，必須左拉右扯一步一步慢慢來，光靠蠻力是沒有任何效果的。

這個道理用在人與人之間也是一樣，最需要忠告的人，通常最不願意接受忠告，與其苦心勸諫一個人，不如由衷讚美要來得有效。

越狡猾，越能成為大贏家

商場老手最為老謀深算，耍出來的花招五彩繽紛，叫人眼花撩亂，捉摸不定，對手就在不知不覺中落入圈套。

山野叢林中，弱肉強食之戰無所不在。與虎狼相比，狐狸處在弱者地位，卻能生存下來，原因由於牠的足智多謀。

競爭激烈的商場也是一樣，沒人可憐你，你也不能可憐他人。競爭是實力和智慧的較勁，必須選擇自己的必勝戰略，制定對付強手的靈活戰術。

戰爭中使用的戰略，主要在你死我活的廝殺中獲勝。談判也是戰爭，但不是你死我活的殺伐，而是共存共榮的搏鬥。

在談判戰爭中，沒有絕對的贏家，也沒有絕對的輸家，因此，使用的戰略自然與戰爭略有不同。

談判的勝敗也與兵家不同，談判過程中，不成交便是失敗，雙方都是輸家；達成交易即是勝利，而且是雙方的勝利。

合作式、共同解決難題的談判戰略，是彼此尋求成功的途徑，求取雙方都能得到利益的最佳結局。

嚴格的敵對式戰略是堅持各自立場、互相設置障礙、互掐喉嚨的戰略；這種戰略對雙方都是一種傷害。

所謂不敗的高明策略，就是合作式談判的過程，化解敵意的僵局，雙方達成期待的協定。

談判高手的高明之處，就在於反敗為勝，制定不敗的策略。

一提起耍花招，人們也會自然想到商場老手，因為只有他們最為老謀深算，耍出來的花招五彩繽紛，教人眼花撩亂，捉摸不定，對手就在不知不覺中落入圈套。見識一下像狐狸般狡猾的商場老手，應付各種對手的招術，將有助於你的功力。

拉第耶是法國的大企業家，有一回，他專程來到新德裡為一筆推銷飛機的大買賣，找拉爾將軍談判。

他幾次約將軍洽談，都沒能如願。最後，他找到拉爾將軍時，在電話裡卻隻字不提飛機交易的事，而只是說：「我以私人名義專程到新德裡拜訪閣下，只要十分鐘，我就滿足了。」

拉爾將軍終於勉強答應了。

當秘書引著拉第耶走進將軍辦公室時，板著臉囑咐說：「將軍很忙，請勿佔太多時間！」

拉第耶心想對方表現得麼冷漠，看來十有八、九生意是做不成了。

「您好，拉第耶先生！」將軍一進來，出於禮貌伸出手，想三言兩語就把客人打發走。

「將軍，您好！」拉第耶表情真摯，坦率地說：「我衷心向您表示謝意，感謝您對敝公司採取如此強硬的態度……」

將軍一時之間被他說得莫名其妙，答不出話來。

「不過，您使我因此得到一個十分幸運的機會，在我生日的這一天，又回到自己的出生地。」

「您出生在印度嗎？」將軍微笑了。

「是的。」拉第耶打開了話匣子：「一九二九年三月四日，我出生在貴國名城加爾各答。當時，我的父親是法國歇爾公司駐印度代表。印度人民是好客的，我們全家得到很好的照顧……」

拉第耶又娓娓談起了童年生活的回憶：「在三歲生日的時候，鄰居一位印度老太太送我一件可愛的小玩具，我和印度小朋友一起乘坐在大象背上，度過了一生中最美好的一天。」

拉爾將軍深深地被感動了，當即邀請他說：「您能來印度過生日實在太好了，今天我想請您共進午餐，以表示對您的祝賀。」

在汽車駛往餐廳的途中，拉第耶打開公事包，取出一張已經泛黃的照片，恭敬地展示在將軍面前：「將軍，您看這個人是誰？」

「這不是聖雄甘地嗎？」將軍驚訝地說。

拉第耶唱作俱佳地回答：「是呀，您再瞧左邊那個小孩，那就是我。四歲時，我和父母一道回國，在途中十分幸運的和聖雄甘地同乘一艘輪船，這張合照就是那次在船上拍的，父親一直把它當做最珍貴的禮物珍藏著。這回，我還要去拜謁聖雄甘地的陵墓。」

「我非常感謝您對聖雄甘地和印度人民的友好情誼！」將軍聽了這番話十分感動，親切地說。

於是，午餐是在親切融洽的氣氛中進行。當拉第耶告別將軍時，這筆大買賣就已拍案成交了。

拉第耶爲贏得會談的時間，以自己生日爲名義，讓將軍付出更多的時間來招待他。更重要的是，他善於表演、口若懸河，贏得了將軍的信任，爲談成生意達到了關鍵的作用。

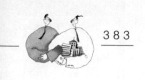

溝通智典

21

換個說法，就能改變對方的想法

作　　者　王　照
社　　長　陳維都
藝術總監　黃聖文
編輯總監　王　凌
出 版 者　普天出版家族有限公司
新北市汐止區忠二街 6 巷 15 號
TEL / (02) 26435033 (代表號)
FAX / (02) 26486465
E-mail：asia.books@msa.hinet.net
http://www.popu.com.tw/
郵政劃撥 19091443 陳維都帳戶
總 經 銷　旭昇圖書有限公司
新北市中和區中山路二段 352 號 2F
TEL / (02) 22451480 (代表號)
FAX / (02) 22451479
E-mail：s1686688@ms31.hinet.net
法律顧問　西華律師事務所・黃憲男律師
電腦排版　巨新電腦排版有限公司
印製裝訂　久裕印刷事業有限公司
出 版 日　2021 (民 110) 年 2 月第 1 版
ISBN◉978-986-389-759-0　　條碼 9789863897590

國家圖書館出版品預行編目資料

換個說法，就能改變對方的想法／
王照著.—第 1 版.—：新北市,普天出版
民 110.2 面； 公分. - (溝通智典；21)
ISBN◉978-986-389-759-0 (平裝)